Die Reiseroute

······· Teil 1
······· Teil 2
······· Teil 3
······· Teil 4

Nördliches Polarmeer

Ostsibirische See

Tschuktschensee

Beringstraße

Tschukotka

Uelen
Lawrentija

Prowidenija
Nome

St.-Lorenz-Insel

Anadyr

Beringmeer

Alëuten

Noatak

Nördlicher Polarkreis

Alaska

Yukon

USA

Fairbanks

Anchorage
Valdez

Golf von Alaska

KANADA

Dawson

Skagway

Sitka

Stiller Ozean

W0023434

rowohlt

KLAUS BEDNARZ **VOM BAIKAL NACH ALASKA**

EINE REISE IN BILDERN

ROWOHLT

1. Auflage September 2003
Copyright © 2003 by Rowohlt Verlag GmbH,
Reinbek bei Hamburg
Alle Rechte vorbehalten
Layout Joachim Düster
Lithographie Susanne Kreher, Hamburg
Kartographie Peter Palm, Berlin
Satz aus der Plantin und Formata PostScript PageOne
Gesamtherstellung Clausen & Bosse, Leck
Printed in Germany
ISBN 3 498 00636 3

Die Schreibweise entspricht den
Regeln der neuen Rechtschreibung.

FÜR GABI UND MAXIM

INHALT

VORWORT VON FRITZ PLEITGEN 9

TEIL 1

DIE LENA HINAB – VON IRKUTSK BIS TIKSI 13

TEIL 2

ANS ENDE DER TAIGA – VON JAKUTSK ZUM STILLEN OZEAN 85

TEIL 3

TSCHUKOTKA – IM LAND DER ARKTISCHEN WALJÄGER 143

TEIL 4

ALASKA – ESKIMOS UND INDIANER AM RAND DER WELT 191

BILDNACHWEIS 264

Klaus Bednarz und Maxim Tarasjugin

VORWORT

Als mir Klaus Bednarz von seinem Vorhaben erzählte, das «Land östlich der Sonne» zu bereisen, jenen geheimnisvollen hintersten Teil Sibiriens, der sich von der Baikalregion bis zum Stillen Ozean erstreckt, wusste ich sofort, dass er mit einer großen Geschichte zurückkehren würde. So ist es auch gekommen. Das Publikum war begeistert. Keine andere Fernsehreportage hat so viele Zuschauer gefunden wie «Östlich der Sonne». Nun legt Klaus Bednarz einen Bildband mit überwiegend unveröffentlichten Fotos vor, der seine Reise «Vom Baikal nach Alaska» auf ganz eigene Weise eindrucksvoll dokumentiert.

Klaus Bednarz und ich kennen uns schon lange. Vor mehr als dreißig Jahren wurden wir als Korrespondenten in den Osten geschickt. Er nach Polen, ich in die Sowjetunion. Die Arbeitsbedingungen waren extrem schwierig, von Bewegungsfreiheit konnte keine Rede sein. Fortwährend standen wir unter Beobachtung der jeweiligen Staatssicherheitsdienste – der Kalte Krieg war noch nicht vorbei. Solche Erfahrungen verbinden.

Heute beobachte ich als Intendant des Westdeutschen Rundfunks das Schaffen von Klaus Bednarz mit besonderer Freude, da er uns großes Renommee und enormen Zuschauerzuspruch einbringt. Ich erinnere nur an die schönen und bewegenden Mehrteiler über Ostpreußen und den Baikalsee. Die Balladen darüber waren herausragende Fernseh- und Bucherfolge.

Der Plan aber, der hinter «Östlich der Sonne» und diesem Bildband stand, war kühner als jeder andere: auf den Spuren der Ureinwohner vom Baikalsee die Lena hinunter bis zum Polarmeer zu reisen, dann weitere Tausende Kilometer die Nordostküste Sibiriens entlang und schließlich über die Beringstraße, die ehemalige Landbrücke zwischen Asien und Amerika, hinweg nach Alaska. Das ist fürwahr ein gigantischer Trip. Ein solches Unternehmen anzugehen, dazu gehören enormes Selbstvertrauen und großer Mut. Aber der wahre Charakter eines Menschen zeigt sich, wenn es nicht so klappt, wie gedacht. Und es ging häufig etwas daneben. Die Reise auf dem Polarmeer mit einem Atom-Eisbrecher zum Beispiel ließ sich nicht verwirklichen. Aufgeben, das kam für Klaus Bednarz nicht in Frage. Er wählte eine andere Route, die noch viel strapaziöser war als die ursprünglich geplante: die Trasse, die von Jakutsk quer durch das gefürchtete Kolyma-Gebiet bis nach Magadan führt, die Stadt am Pazifik westlich der Halbinsel Kamtschatka.

Als ehemaliger Moskau-Korrespondent kenne ich mich mit den Gegebenheiten Sibiriens ein bisschen aus. Ich wusste jedoch nicht, dass es eine solche Verbindung quer durch Kolyma gibt – durch unwirtlichste Gegenden mit endlosen Tundren und wilden Gebirgszügen. Nun, es gibt sie, wie ich jetzt durch Klaus Bednarz erfahren habe. Nicht von ungefähr heißt die Trasse «Straße des Todes»: Ihr Bau hat Zehntausende Menschen, überwiegend GULAG-Sträflinge, das Leben gekostet, und heute kommt es auf dieser Schnee- und Eispiste, diesem Höllendamm, zu mehr tödlichen Unfällen als auf jeder anderen Straße Russlands.

Zu meiner Moskau-Zeit war allerdings an eine Reise in die Kolyma-Region nicht zu denken. Wir arbeiteten, wie gesagt, quasi unter Zensurbedingungen, mit einem russischen Kamerateam und unter ständiger Aufsicht. Damals existierten noch die fürchterlichen Lager, von denen Klaus Bednarz so bewegend berichtet. In die Nähe dieser Schreckenseinrichtungen hätte man uns mit Sicherheit nicht gelassen.

Aber auch ein Ort wie Tiksi war für uns unerreichbar. Tiksi, das klang in meinen Ohren wie der Name einer Südsee-Insel. Die Stadt liegt an der Lenamündung. Durch Klaus Bednarz weiß ich jetzt, wie Tiksi in Wirklichkeit aussieht. Einst das «Tor zum Eismeer» genannt, ist der Ort heute eine Geisterstadt, der Hafen tot und verlassen.

Überhaupt habe ich durch den vorliegenden Band eine Menge dazugelernt. Dies gilt für die gesamte Route: von der Lenaquelle bis zu den Tlingit-Indianern in Alaska, die den Raben für den Schöpfer der Welt halten, der auch den ersten Menschen geformt hat – aus dem Schlick des Meeres und dem Sand des Ufers.

Wo aber stand die Wiege der Menschheit? Vielleicht, so erfahren wir, in Sibirien, an der Lena, wie einige Wissenschaftler, die hier Spuren uralter Kulturen gefunden haben, vermuten. Und woher kommt die Bezeichnung «Lena»? Nicht von dem in Russland weit verbreiteten Frauennamen, wie man denken könnte, sondern aus der Ewenken-Sprache: «Ely-Leni» heißt zu Deutsch «großer, reicher Strom». Fasziniert hat mich auch die Beschreibung der so genannten Polygon- oder Vielecktümpel an der Lenamündung, einzigartige Naturerscheinungen der Tundralandschaft, entstanden durch das gewaltige Temperaturgefälle zwischen den Jahreszeiten. Was es mit ihnen auf sich hat, lesen Sie am besten selbst nach.

Klaus Bednarz gelingt es auf unwiderstehliche Weise, den Betrachter und Leser mit auf die Reise zu nehmen. Man empfindet Ehrfurcht vor der Natur und Mitgefühl mit den Menschen. Nicht nur die Bilder, auch die Gespräche, ob sie nun mit Russen, Jakuten oder Ewenken, Tschuktschen, Eskimos oder Indianern geführt wurden, vermitteln auf schlichte, sehr direkte Art tiefe Einblicke in die Lebensverhältnisse.

Die Reise – mehr als zehntausend Kilometer über Flüsse und Gebirge, durch Taiga, Tundra und Sümpfe, zu Fuß, per Schiff, Lkw, Hubschrauber oder Rentierschlitten – war eine gewaltige Strapaze. Wenn es überhaupt nicht weiterging, dann wurde mit «Siljoninki» nachgeholfen, mit den «grünen Scheinen», also Dollar. Wie zu alten Sowjetzeiten! Was er erlebt hat, schildert Klaus Bednarz auf angenehm lakonische Weise. Seine Beschreibungen beginnen mit Sätzen wie «Katschug hat schon bessere Tage gesehen». Dann folgen die unterschiedlichsten Beobachtungen – geistreich, mitfühlend und aufklärend.

«Molodjez», sagen die Russen, zu Deutsch «starker Typ». Die Reiseberichte von Klaus Bednarz, da bin ich mir sicher, werden Bestand haben und auch noch Generationen später gerne gelesen werden.

Köln, im Juni 2003   Fritz Pleitgen

TEIL 1 **DIE LENA HINAB –
VON IRKUTSK BIS TIKSI**

Es war eine Idee meines Kamerateams aus St. Petersburg. Seit fast zehn Jahren hatten wir zusammengearbeitet, hatten aus gottverlassenen Dörfern an der Wolga berichtet, über die Auflösung der Sowjetunion, über Straßenkinder und die ersten freien Wahlen in Russland, und auch die Filme über Ostpreußen gedreht. Nun saßen wir in einer Kneipe in Irkutsk, erschöpft, glücklich und wehmütig zugleich: Wenige Stunden zuvor waren wir zum letzten Mal auf dem See gewesen, waren noch einmal in einen gewaltigen Sommersturm geraten und hatten wie geplant mit den Bildern eines der märchenhaften sibirischen Sonnenuntergänge die Dreharbeiten zur dreiteiligen «Ballade vom Baikalsee» abgeschlossen. «Und was machen wir als Nächstes?», fragte Kameramann Maxim und bestellte eine weitere Runde Wodka. Als wir uns am anderen Morgen zum Abschied umarmten, hatten wir noch immer keine Antwort auf Maxims Frage. Nur eines wussten wir: Wir wollten weiter gemeinsam Filme machen.

Einige Monate nach jenem Abend in Irkutsk, im Januar 2000, die «Ballade vom Baikalsee» war inzwischen in der ARD gesendet worden, flatterte auf meinen Schreibtisch beim WDR in Köln ein Fax aus St. Petersburg: «Haben eine Idee für unser nächstes Projekt: vom Baikalsee nach Amerika. Grüße – Maxim, Sascha und Andrej.» Das Fax wanderte umgehend in den Redaktionspapierkorb. Meine russischen Freunde mussten entweder größenwahnsinnig geworden sein, oder sie hatten aus Freude über den Zuschauererfolg der «Ballade vom Baikalsee», von dem sie im Internet gelesen hatten, ein wenig zu lange und zu kräftig gefeiert. Geradezu absurd erschien ihr Vorschlag, unrealistisch, undurchführbar angesichts der geographischen Dimensionen, der klimatischen Bedingungen und der in ihrem ganzen Umfang gar nicht abzuschätzenden organisatorischen Probleme. Die Route würde durch den hintersten, wildesten, rauesten Teil Sibiriens führen – bis zur Beringstraße und von dort hinüber nach Alaska. Es wäre ein Weg quer durch das «Land östlich der Sonne», wie die russischen Eroberer jene geheimnisvolle Region Sibiriens nannten, die sich vom Fluss Lena bis zum Stillen Ozean erstreckt. Weder die Dauer noch die Kosten einer derartigen Unternehmung wären auch nur annähernd exakt zu kalkulieren, ihr Ausgang zudem ungewiss. Und was, außer dem Wunsch, wieder gemeinsam zu arbeiten, wäre die journalistische Motivation für ein derartiges Unterfangen?

Die Antwort lieferte einige Monate später eine kleine Notiz in der «New York Times». Einer Gruppe amerikanischer und russischer Wissenschaftler, so war dort zu lesen, sei es gelungen, aufgrund von DNA-Analysen mit an Sicherheit grenzender Wahrscheinlichkeit nachzuweisen, dass die Vorfahren der nordamerikanischen Indianer einst aus Sibirien kamen, genauer: aus der Region südlich des Baikalsees. Am Morgen nachdem ich diese Notiz entdeckt hatte, rief ich die Freunde in St. Petersburg an. Vielleicht könnten wir ja bei einer Reise durch das «Land östlich der Sonne» Spuren jener sagenumwobenen, nun wissenschaftlich festgestellten Gemeinsamkeit der Urvölker Nordamerikas und Sibiriens finden.

Fritz Pleitgen, der Intendant des WDR, war der Erste, dem ich von dem «Wahnsinnsprojekt» erzählte. Er war begeistert. Schließlich hatte er Sibirien- und Alaskaerfahrung und in seiner Zeit als Amerika-Korrespondent sogar einen Film über eine Frau gedreht, die versuchte, die Beringstraße, jene eisige Meerenge zwischen Russland und Amerika, schwimmend zu durchqueren. Meinen Hinweis, dass wir keine Extremsportler seien und diesen Versuch nicht unbedingt wiederholen möchten, nahm er gelassen: «Es wird auch so extrem genug.»

Planung, Recherchen und konkrete Reisevorbereitungen dauerten gut ein halbes Jahr, wobei schnell deutlich wurde, dass von «Planung» im normalen Sinne kaum die Rede sein konnte. Es waren vielmehr Absichten, die wir formulierten, Wünsche, Idealvorstellungen. Selbst offizielle Flugpläne, so lernten wir schnell, sind in diesem entlegensten Teil Sibiriens meist nur «Richtwerte». Für den genauen finanziellen Rahmen und die zeitliche Dauer der filmischen Expedition konnten wir ebenfalls nur «Richtwerte» angeben. Was wissen wir in Köln oder St. Petersburg schon, wie viel eine Stunde Kameratransport mit Rentierschlitten kostet, eine Stunde Hubschrauberflug im Lenadelta, ein Tag mit dem Schneepflug auf der Kolyma-Trasse im ostsibirischen Bergland, ein Boot, um die Eskimos an der Beringstraße auf Waljagd im Eismeer zu begleiten? Klar war nur, dass der Dollar – neben Wodka – in Sibirien das wichtigste Zahlungsmittel ist und man möglichst viele davon in möglichst kleinen Scheinen bei sich haben müsste. Und dass wir in Etappen reisen würden, denn wir wollten die verschiedenen sibirischen Flüsse und Landschaften auch zu verschiedenen Jahreszeiten filmen – im Sommer wie im Winter. Jedenfalls würde das Unternehmen teurer werden als ein Film über den Schwarzwald. Doch im internationalen Maßstab wäre es trotz allem eine Low-Budget-Produktion. Wenn die BBC eine derartige Filmdokumentation starten würde oder eine der großen amerikanischen Fernsehanstalten, so hatten uns angelsächsische Kollegen versichert, bestünde das Team, das auf die Reise geht, aus fünfzehn bis zwanzig Personen. Wir aber werden zu viert sein: Kameramann Maxim, Toningenieur Andrej, Producer Sascha und ich. Falls wir, etwa beim Fußmarsch durch die Taiga, wegen des umfangreichen Kameragepäcks oder aus Sicherheitsgründen weitere Leute brauchen, werden wir versuchen, sie vor Ort zu finden. Je kleiner das Team, umso beweglicher sind wir, umso weniger Misstrauen bei den oft weitab der Zivilisation lebenden Ureinwohnern Sibiriens erwecken wir, das wussten wir von früheren Projekten.

Unsere Ausrüstung und unser Gepäck werden wir auf das Allernotwendigste beschränken. Wir alle haben schon in Sibirien gearbeitet, dort Filme gedreht, Erfahrungen mit extremen klimatischen Bedingungen gemacht. Mein persönlicher «Kälterekord» liegt bei minus 55 Grad, aufgestellt bei Dreharbeiten zu meinem ersten Sibirienfilm im Jahr 1979. Maxim, Sascha und Andrej haben ähnliche Temperaturen in der Arktis erlebt und sommerliche Hitze von 40 Grad im Süden Sibiriens. Wir brauchen eine gute Kondition und zumindest zwei Schutzimpfungen – gegen Tetanus und gegen Meningitis, denn in einigen Gegenden am Baikalsee treibt eine besonders gefährliche Zeckenart ihr Unwesen. Wir wissen, dass wir uns der Natur anpassen müssen, die in Sibirien keine Gnade kennt und in der Taiga, wie die einheimischen Jäger sagen, keinen Fehler verzeiht. Um Kontakt mit der Außenwelt zu halten, werden wir ein Satellitentelefon mitnehmen, dessen Nutzen in der Weite und Einsamkeit Sibiriens allerdings begrenzt ist. Im Notfall können wir damit vielleicht Köln oder St. Petersburg erreichen, nicht aber das nächste, womöglich einige hundert Kilometer entfernte sibirische Dorf, das über keinen Satellitenanschluss verfügt.

Welche Route die Vorfahren der Indianer auf ihrem Weg vom Baikalgebiet nach Amerika einst, vor vielen tausend Jahren, genommen haben, ist im Einzelnen bis heute nicht bekannt. Als gesichert gilt nur, dass sie über die Beringstraße, die bis zum Ende der Eiszeit vor zehntausend Jahren, eine Landbrücke war, in die Neue Welt nach Alaska gelangten. In Sibirien, das zeigen archäologische Funde, sind sie vom Baikal aus vor allem den großen Flüssen nach Norden und Osten gefolgt, der Lena, die ins Nördliche Polarmeer mündet, und dem Amur, der vor der Insel Sachalin in den Stillen Ozean fließt. Wir wählen für die erste Etappe unserer Expedition die historische Route entlang der Lena, von der Quelle in unmittelbarer Nähe des westlichen Baikalufers bis zur Hafenstadt Tiksi im Lenadelta, ungefähr tausend Kilometer nördlich des Polarkreises.

Die Lena ist der gewaltigste der sibirischen Ströme und zählt zu den zehn größten der Welt. Sie führt achtmal so viel Wasser wie der Nil, und das Delta, das sie beim Eintritt in das Polarmeer bildet, wird in seiner Ausdehnung nur noch von dem des Mississippi übertroffen. Auf ihrem Weg bis zur Mündung, 4400 Kilometer durch Taiga und Tundra, halb Asien durchquerend, nimmt sie mehr als zweihunderttausend weitere Flüsse und Bäche auf. Die Fläche des gesamten Lenabeckens ist größer als Spanien, Frankreich und Osteuropa zusammen.

Um zur Lenaquelle zu gelangen, schiffen wir uns in Irkutsk ein und fahren zunächst rund vierhundert Kilometer auf dem Baikalsee nach Norden. An einer Wetterstation mit dem sinnigen Namen Pokojniki, was im Russischen sowohl «die Ruhigen» als auch «die Verblichenen» bedeutet, steigen wir aus und beginnen unseren Marsch.

Die Idee, zu Fuß zur Lenaquelle zu gehen, stammt von Semjon Ustinow, einem siebzigjährigen Biologen, Umweltschützer und Verfasser unzähliger Bücher über die Tier- und Pflanzenwelt der Baikalregion. Er hat 1996 die in einem nur schwer zugänglichen Gebiet gelegene Quelle der Lena entdeckt und als Erster wissenschaftlich beschrieben. Zudem gilt Semjon Ustinow als der berühmteste Bärenforscher Russlands. Und da er besser als jeder andere weiß, woran man bei diesen «Herren der Taiga» ist, von denen es am Baikalsee nur so wimmelt, hat er stets eine großkalibrige Armeepistole aus dem Zweiten Weltkrieg dabei.

Vom Baikalufer bis zur Lenaquelle sind es nur etwa zwölf Kilometer Luftlinie, doch auf direktem Wege ist sie zu Fuß nicht zu erreichen. Vielmehr dauert der Marsch dorthin, je nach Wetterbedingungen, drei bis vier Tage. Er führt zunächst über das steile Baikalgebirge, dann durch dichte Taiga mit mannshohem Unterholz und Gestrüpp, durch mehrere Flussläufe, kilometerweite Sümpfe, riesige Geröllfelder mit scharfkantigen Gesteinsformationen sowie über eine endlose, mit getrocknetem Rentiermoos überzogene Waldtundra, die aussieht wie ein gigantischer grüner Teppich, Menschen an manchen Stellen aber unvermittelt bis zur Hüfte einsinken lässt.

Am Morgen des vierten Tages erreichen wir die Quelle von «Mütterchen Lena», an der Semjon Ustinow niederkniet und mit der hohlen Hand einige Schlucke Wasser schöpft. «Wenn man dieses Wasser nicht trinkt», sagt er mit aufforderndem Blick, «kann man sich gleich hinlegen und sterben. Das beste Wasser der Welt. Wollte Gott, es gebe überall so reines Wasser.»

In der Nähe der Lenaquelle erhebt sich aus dem dichten Taigagras ein kleiner, hölzerner Pavillon, dessen Dach einer Kirchenkuppel ähnelt. Auf der Spitze trägt es eine Kugel mit einem russisch-orthodoxen Kreuz. Der Pavillon ist dem heiligen Innokentij gewidmet, einem russischen Priester, der ein paar hundert Kilometer stromabwärts geboren wurde. Im Jahre 1823 machte er sich von Sibirien aus auf, die Völker des nördlichen Amerika zu missionieren. Der Schwerpunkt seiner Tätigkeit lag im äußersten Südosten Alaskas bei den Tlingit-Indianern. Viele von ihnen, so hatten wir gelesen, verehren Innokentij noch heute, besuchen regelmäßig die Gottesdienste in der von ihm erbauten russisch-orthodoxen Kathedrale in Sitka, der historischen Hauptstadt der Tlingit-Indianer. Sitka soll die letzte Station unserer Reise vom Baikalsee nach Amerika sein. Doch bis dahin liegen noch fast fünfzehntausend Kilometer vor uns ...

Der Name «Lena» hat entgegen allgemeiner Vermutung nichts mit dem auch in Russland weit verbreiteten, vom griechischen «Helena» abgeleiteten Mädchennamen zu tun. Vielmehr, so meinen Linguisten, stammt er aus der Sprache der Ewenken, eines der sibirischen Urvölker, in der «Ely-leni» nichts anderes als «großer reicher Strom» bedeutet. Erst die russischen Eroberer Sibiriens haben daraus der Einfachheit halber den ihnen vertrauten Mädchennamen gemacht.

Von der Größe und dem Reichtum des Stroms ist im Quellgebiet der Lena allerdings wenig zu erahnen. Aus mehreren kleinen Rinnsalen wird zunächst ein schmaler, reißender Gebirgsbach; erst nach etwa zweihundert Kilometern verbreitert sich sein Bett, und auf der Höhe der einstigen Kosakensiedlung Katschug wird der Fluss schiffbar – so jedenfalls hatten wir es gelesen und deshalb geplant, unsere Reise entlang der Lena von Katschug aus auf einem Dampfer fortzusetzen. Doch heute legen keine Schiffe mehr in Katschug an. Seit dem Zusammenbruch der Sowjetunion fehlt das Geld, um die Fahrrinne im Oberlauf der Lena regelmäßig auszubaggern. Erst ab Ust-Kut verkehren Passagierschiffe und Frachter Richtung Norden.

Nur wenige Kilometer hinter Katschug, unweit des Dörfchens Schischkino, stoßen wir erstmals auf eine jener gigantischen Felswände, wie sie auf den nächsten 2500 Kilometern immer wieder an den Ufern der Lena auftauchen werden. Die Felswand von Schischkino gilt den Sibiriern als Heiligtum. Nicht nur, weil manche der Ureinwohner sie noch heute für den Sitz von Göttern und Schamanen halten, sondern weil sie eines der ältesten Kulturdenkmäler Sibiriens darstellt. Eine Vielzahl in den Stein geritzter Zeichnungen zeigen urzeitliche Tiere wie Wildpferde und Bisons, aber auch Jagdszenen, mythologische Gestalten, Schamanen und menschenähnliche Geister. Die ältesten Zeichnungen stammen aus der Steinzeit und sind wahrscheinlich zwischen 20 000 und 15 000 vor Christus entstanden. Manche der Tierbilder, etwa die Wildpferde, ähneln frappierend den steinzeitlichen Höhlenmalereien im spanischen Altamira und in anderen europäischen Ländern.

Solche Felszeichnungen werden wir später auf unserer Reise nach Norden noch an anderen Stellen der Lena und an vielen ihrer Nebenflüsse finden, zum Beispiel am Aldan und an der Sinjaja. Sie gelten als Beweis dafür, dass Sibirien alles andere als ein geschichts- und kulturloser Raum ist und dass die oft als primitiv und rückständig geltenden Ureinwohner Sibiriens, die Jäger des Waldes, keineswegs «außerhalb der Historie» standen: Sie besaßen eine durchaus eigenständige und reiche Kultur, und dies zum gleichen Zeitpunkt wie die urzeitlichen Völker Europas – nur unter unendlich schwierigeren klimatischen Bedingungen.

Das am häufigsten dargestellte Motiv an den Felswänden entlang der Lena ist der Elch – für die sibirischen Völker der Taiga und Tundra nicht nur eines der wichtigsten Jagdtiere, sondern zugleich eine mythologische Figur. Er ist die zentrale Gestalt in den Epen und Erzählungen der Völker Nordsibiriens, aber auch ein dominantes Motiv der Totems vieler Indianerstämme Nordamerikas. In sibirischen wie in indianischen Legenden kommt der Elch als kosmisches Tier vor, gejagt von einem himmlischen Jäger, meist in Gestalt eines Bären. Das alles lernen wir von Nina Petrowna, einer, wie sie sich selbst nennt, «Kulturarbeiterin», deren Aufgabe der administrative Schutz der Felsbilder von Schischkino ist.

In Ust-Kut, tausend Kilometer von der Lenaquelle entfernt, können wir endlich ein Schiff besteigen, das uns die Lena abwärts, Richtung Polarmeer bringen soll. Drei Tage ist Sascha in dem Ort unterwegs gewesen, der älter ist als St. Petersburg und früher der bedeutendste Holzumschlagplatz Russlands war. Heute sieht man in Ust-Kut, wie in fast allen Siedlungen Sibiriens, die Folgen des wirtschaftlichen Niedergangs, es herrschen Arbeitslosigkeit und soziale Tristesse. Und von der einst stolzen Lenaflotte sind nur noch zwei Passagierschiffe funktionstüchtig, die meist für Vergnügungsfahrten neureicher Russen aus dem Mafiamilieu oder anderer Angehöriger der Nomenklatura eingesetzt werden. Um eines der Schiffe zu chartern, musste Sascha unermüdlich verhandeln: mit der Hafenbehörde von Ust-Kut, der Stadtverwaltung, dem örtlichen KGB – immerhin geht es um Filmaufnahmen für eine ausländische Fernsehanstalt – sowie dem halbstaatlichen Mineralölkonzern, der für die Zuteilung von Diesel zuständig ist. Treibstoff nämlich ist hier im Norden Sibiriens nicht frei verkäuflich.

Einen regelmäßigen Passagierdienst zwischen Ust-Kut und Jakutsk, unserem nächsten Etappenziel, gibt es zwar einmal pro Woche – aber nur auf dem Fahrplan, der an der Landebrücke aushängt. In Wirklichkeit weiß niemand genau, wann ein Schiff nach Norden ablegt. Es kann in dieser Woche sein, erklärt man uns am Flussbahnhof, oder in der nächsten, vielleicht erst in der übernächsten.

Die «Sarja», die «Morgenröte», wie unser Schiff heißt, wird für die knapp zweitausend Kilometer bis Jakutsk, so schätzt ihr Kapitän Alexander Pawlowitsch, etwa acht bis zehn Tage brauchen. Vorausgesetzt, wir können unterwegs auf dem Schwarzmarkt Treibstoff beschaffen. Unsere Reise nämlich gilt als Privatfahrt – und dafür gibt es keine Dieselzuteilungen. Und wir können nur hoffen, dass wir keinen Motorschaden oder eine andere Panne haben werden. Denn die «Sarja», die einem Hamburger Alsterdampfer ähnelt, gehört zu einem russischen Schiffstyp, dessen Produktion längst eingestellt wurde und für den keine Ersatzteile mehr zu bekommen sind.

Bald erfahren wir, wie außerordentlich schwierig die Schifffahrt auf der Lena ist: Die Lena ist einer der wenigen Ströme Eurasiens, die noch nicht durch Wasserkraftwerke, Staudämme und andere hydrotechnische Bauten eingezwängt sind. Im Sommer sinkt der Wasserstand oft bis auf weniger als einen Meter. Sandbänke und ständig wechselnde Strömungen verändern die Fahrrinne fast täglich. Von Ust-Kut bis zum Polarmeer ist der Grund des Flusses übersät mit Wracks; manche von ihnen ragen, wie Gespenster mahnend, aus dem flachen Wasser.

Die für uns auffallendste Eigenschaft des zweiundfünfzigjährigen Alexander Pawlowitsch ist seine unerschütterliche Ruhe, die Ausgeglichenheit, mit der er selbst in brenzligen Situationen die Gewissheit vermittelt, Herr der Lage zu sein. Dabei strahlt er vom frühen Morgen bis zum späten Abend eine gleich bleibende Freundlichkeit aus, die sich auf die gesamte Besatzung und auch auf uns Passagiere überträgt. Für die Kollegen des Petersburger Kamerateams bleibt völlig unbegreiflich, dass in den zehn Tagen, die wir an Bord der «Sarja» sind, nicht ein einziger Fluch ertönt.

«Was ist für Sie das Gefährlichste auf der Lena?», frage ich. Fast gleichmütig kommt die Antwort des Kapitäns: «Gefährlich ist nichts, wenn du vorsichtig bist. Aufzupassen, das ist deine normale Arbeit. Tag für Tag, Stunde für Stunde, Minute für Minute.»

Die Landschaft, durch die sich die Lena auf den ersten tausend Kilometern von Ust-Kut nach Nordosten wälzt, ist abwechslungsreich. Steile, waldbekränzte Ufer, von denen pittoreske Wildbäche in die Tiefe stürzen, gehen unvermittelt in weite, sattgrüne Wiesenlandschaften über, geben den Blick in die Ferne auf bläulich wie Meereswellen schimmernde Hügelketten frei. Dann wieder erheben sich plötzlich zu beiden Seiten des Flusses bizarr aus dem Wasser ragende Felswände und bilden einen Canyon, durch den die Lena in reißenden Wirbeln und mit gewaltigem Lärm wie ein gigantischer Gebirgsbach tobt. Von Zeit zu Zeit ziehen am Ufer kleine Siedlungen vorbei, fast alle einst berüchtigte Verbannungsorte. Die meisten machen einen trostlosen Eindruck – demolierte Anlegestellen, verfallende oder verlassene Holzhäuser, Reste kleiner Fabriken. Manche Dörfer sind vom letzten verheerenden Frühjahrshochwasser der Lena fortgeschwemmt worden, einige der verbliebenen Häuser stehen auf dem Kopf, andere liegen auf der Seite.

Je weiter wir nach Norden kommen, desto menschenleerer wird die Landschaft. Immer seltener tauchen am Ufer Siedlungen auf, zuweilen erblicken wir auf mehreren hundert Kilometern nicht eine einzige Hütte. Zu beiden Seiten des Flusses erstreckt sich die Taiga bis zum Horizont. An einigen Stellen erreicht die Lena nun eine Breite von zehn bis fünfzehn Kilometern. Immer wieder überholen wir schwer beladene Containerschiffe und Tanker, die von ihrer Last bis an die Reling ins Wasser gedrückt werden. Der Strom ist die Lebensader Ostsibiriens, der wichtigste Versorgungsweg nördlich der Transsibirischen Eisenbahn. Auf ihm wird alles transportiert, was die Menschen im Hohen Norden brauchen, um neun Monate Winter zu überstehen. Straßen oder Zugverbindungen in diese Region gibt es nicht.

Etwa 2500 Kilometer vor der Mündung der Lena ins Polarmeer beginnt das Siedlungsgebiet der Jakuten, des größten der nordsibirischen Völker. Die Autonome Republik Jakutien, wie das Gebiet seit dem Ende der Sowjetunion offiziell heißt, ist fast zehnmal so groß wie Deutschland, hat aber nur knapp eine Million Einwohner. Die eine Hälfte von ihnen sind Russen, die andere Jakuten sowie Angehörige kleinerer sibirischer Volksstämme – Ewenen, Ewenken, Jukagiren.

Die Jakuten sind ein Turkvolk, ursprünglich Vieh- und Pferdezüchter, die wahrscheinlich im 5. oder 6. Jahrhundert unserer Zeitrechnung aus dem südlichen Sibirien, vor allem dem Baikalgebiet, an den Mittellauf der Lena zogen. Ihre Hauptstadt Jakutsk am linken Ufer des Flusses zählt heute knapp zweihunderttausend Einwohner und unterscheidet sich architektonisch kaum von anderen Städten der einstigen Sowjetunion.

Gegründet 1632 als militärischer Vorposten der Kosaken, wurde Jakutsk bald das Tor zum «Land östlich der Sonne» – nicht nur für die russischen Eroberer und die Erforscher Sibiriens, die aus aller Herren Länder, insbesondere aus Deutschland, kamen, sondern auch für die Heere der Sträflinge und Verbannten, deren Weg über Jakutsk in die entlegensten Winkel des Russischen Reiches führte. Die strenge Russifizierungspolitik der Zaren, die intensive Missionstätigkeit der russisch-orthodoxen Kirche und die brutale Unterdrückung jeder politisch motivierten Nationalbewegung durch die Bolschewiki zerstörte neben den traditionellen Strukturen der jakutischen Gesellschaft weite Bereiche der althergebrachten Kultur. So war es den Jakuten zu Sowjetzeiten verboten, ihren höchsten Feiertag, das Ysyach-Fest, nach traditionellem Ritus zu begehen. Es galt als Ausdruck des verpönten «jakutischen Nationalismus».

Am 21. Juni, am Vorabend dieses Festes, gehen wir mit unserer «Sarja» im Hafen von Jakutsk vor Anker. Seit dem Zusammenbruch der Sowjetunion ist der Tag des Ysyach-Festes, des jakutischen Neujahrs, wieder offizieller Nationalfeiertag. Es ist das Sonnenfest, das Fest der Wiedergeburt von Mensch und Natur sowie des Dankes an die guten Mächte des Himmels. Im Mittelpunkt der Verehrung steht Ajyysyt, die Göttin der Fruchtbarkeit. Die von Schamanentrommeln begleiteten Gesänge, Tänze und Reiterspiele der farbenprächtig gekleideten jungen Männer und Frauen erinnern an indianische Riten, die am südlichen Rand des Festplatzes errichteten kegelförmigen Holzgerüste sehen aus wie indianische Wigwams. Sie symbolisieren die traditionellen jakutischen Sommerjurten. Ihre Öffnungen zeigen nach Osten.

In Jakutsk müssen wir uns von der «Sarja» verabschieden. Alexander Pawlowitsch, der Kapitän, hat keine Konzession für die Weiterfahrt nach Norden. Auch ein anderes Schiff, das uns die restlichen 1500 Kilometer bis zur Hafenstadt Tiksi im Mündungsdelta der Lena bringen könnte, ist nicht aufzutreiben. Alle Kapitäne, die wir fragen, winken ab. Entweder ist ihr Schiff kaputt, oder es wird gerade repariert, oder sie warten auf eine Fracht stromaufwärts. Der einzige, der sich bereit erklärt, uns gegen harte Dollar mit seinem Dampfer nach Tiksi zu bringen, ist so betrunken, dass wir von uns aus verzichten. Schließlich bleibt nur der Flug mit einer kleinen, mindestens vierzig Jahre alten Propellermaschine, in der unser umfangreiches Gepäck wegen des fehlenden Frachtraums auf den Vordersitzen der Kabine gestapelt wird.

Zu Sowjetzeiten zählte Tiksi rund fünfzehntausend Einwohner. Eine mächtige Garnison mit Marineeinheiten, einem strategischen Bomberkommando und Raketentruppen war hier stationiert, ein Polarforschungsinstitut und viele andere wissenschaftliche Einrichtungen hatten in Tiksi ihren Sitz. Über den Nördlichen Seeweg entlang der sibirischen Küste, den sowjetische Atomeisbrecher auch im Winter offen hielten, gelangten pro Jahr ungefähr zweihundert Frachter in den Hafen von Tiksi, brachten Lebensmittel und Konsumgüter aus Japan und anderen asiatischen Ländern, nahmen auf dem Rückweg meist Holz aus der Taiga mit.

Heute leben in Tiksi nur noch knapp fünftausend Menschen. Seit dem Ende des Kalten Krieges hat der Ort seine militärische Bedeutung verloren, und seit Einführung der Marktwirtschaft in Russland ist der Nördliche Seeweg nicht mehr rentabel. Im Jahr 2001 hatte bis zu unserer Ankunft Ende August nicht ein einziges Seeschiff den Hafen von Tiksi angelaufen. Und es wurde auch, wie uns der Hafenkapitän erklärte, bis Jahresende keines mehr erwartet.

Der Ort macht den Eindruck einer Geisterstadt. Unzählige Wohnblocks stehen leer, Türen und Fenster sind mit Brettern vernagelt. Zwei der vier Lebensmittelläden sind geschlossen, das einzige Bekleidungsgeschäft ist leer geräumt und mit einem Vorhängeschloss verriegelt. Viele der wegen des Permafrostes – wie überall in Sibirien – oberirdisch verlegten Heizungsrohre und Wasserleitungen sind geborsten. Von einigen Telefonmasten baumeln gerissene Drähte. «Der Hafen ist tot, die Stadt stirbt, und schon in wenigen Jahren werden die letzten Bewohner Tiksi verlassen», sagt der Hafenkapitän. Tiksi wird, wie es in der offiziellen Sprache der russischen Behörden heißt, «liquidiert». Wie so viele andere Städte, Siedlungen und Dörfer im hohen Norden Sibiriens.

Von Tiksi aus starten wir zur letzten Etappe unserer Reise die Lena hinab. Der einzige Hubschrauber, der hier noch einsatzbereit ist, soll uns an die äußerste Spitze des Lenadeltas bringen, dorthin, wo das Polarmeer beginnt und sich die Eisbären, Belugawale, Robben, Meeresenten und Walrosse tummeln.

Das Lenadelta ist heute das größte Naturschutzgebiet Russlands – mit einer Fläche von 61 300 Quadratkilometern etwa doppelt so groß wie Belgien. Vor einigen Jahren erhielt es von der UNESCO den Status eines «Biosphären-Reservats» und wurde in die Liste des «Welt-Naturerbes» aufgenommen. Auf einer im Süden des Deltas gelegenen, vom WWF eingerichteten biologischen Forschungsstation arbeiten zeitweise auch deutsche Wissenschaftler und Naturschützer.

Nur wenige Flugminuten nördlich der Forschungsstation kommt das Kerngebiet des Deltas in Sicht, ein fein gewebtes Netz kleiner, unregelmäßiger Vielecktümpel, das sich wie ein geometrisches Gebilde bis an den Horizont erstreckt. Durchzogen wird es von zahllosen, sanft geschwungenen Flussarmen unterschiedlicher Größe, die sich an manchen Stellen zu tiefblau schimmernden Seen verbreitern. Dazwischen liegen von hellem Grün überzogene Tundrawiesen, auf denen wir von Zeit zu Zeit wilde Rentierherden entdecken, vereinzelt sogar Wölfe.

Die kleinen Vielecke, von den Wissenschaftlern Polygontümpel genannt, sind – wie uns Iwan Fjodorowitsch, der Direktor des Reservats erklärt, der uns begleitet – eine «einzigartige Naturerscheinung» in der Tundralandschaft. Sie entstehen durch das gewaltige Temperaturgefälle zwischen den Jahreszeiten, das hier am Rande der Arktis bis zu 90 Grad Celsius betragen kann. Durch den starken Frost im Winter – bis zu minus 60 Grad – platzt die Erde an der Oberfläche auf. Im Sommer, wenn das Thermometer auch hier, tausend Kilometer nördlich des Polarkreises, zuweilen auf plus 30 Grad klettert, füllen sich die Ritzen und Krater mit Schmelzwasser. Beim Anbruch des nächsten Winters gefrieren sie und wachsen als Eiskeile in die Tiefe. Dabei drücken sie immer neue Erdwälle an die Oberfläche, die Umrandungen der Polygontümpel. Die Tümpel selbst sind nur etwa einen halben Meter tief. Ihren Boden bildet ewiges Eis – spiegelblank und glatt.

Von besonderer Bedeutung, erfahren wir von Iwan Fjodorowitsch, ist das Lenadelta als Nist- und Brutplatz, «eine der wichtigsten Drehscheiben des weltweiten Vogelflugs». Hier kreuzen sich die Zugwege der verschiedensten Vogelarten. Taucher, Schwäne, Ringelgänse, Eisenten, Strandläufer, Schnepfen, Möwen, Seeschwalben und Singvögel kommen zur Brutzeit im Juni vom Atlantik und von der Nordseeküste oder aus Osten vom Pazifik. Im August, wenn der arktische Sommer vorbei ist, geht die Reise der Zugvögel wieder zurück nach Westeuropa, nach Indochina, Australien und sogar nach Südafrika. Nur die Schneehühner bleiben das ganze Jahr über im Lenadelta. Für alle jedoch, so der Direktor, ist eine ungestörte Brutzeit im Reservat «lebensentscheidend».

Aber die Ruhe und Ungestörtheit im Reservat sind bedroht, ebenso seine natürliche Reinheit. Noch zählt die Lena, das haben biologische Untersuchungen ergeben, zu den saubersten Flüssen der Welt, sind die Schadstoffe nicht bis ins Delta gedrungen. «Doch mit jedem Tag», sagt Fjodorowitsch sorgenvoll, «rückt die Zivilisation näher.» In der Tat: Die Nebenflüsse am Mittellauf der Lena werden nach wie vor durch die giftigen Abwässer aus der Gold- und Diamantengewinnung verseucht. Und in den Städten und Dörfern entlang der Lena gibt es noch immer keine Kläranlagen. Vor allem aber bedroht die, wie der Direktor formuliert, «Gier der großen russischen und internationalen Erdöl- und Erdgaskonzerne» das Delta. Zwar verbieten die russischen Gesetze eigentlich jede wirtschaftliche Nutzung des Naturreservats, doch das hindert die Energiekonzerne keineswegs daran, im Lenadelta und an der ganzen Küste des Polarmeeres intensiv nach neuen Rohstoffvorkommen zu suchen. «Und was», fragen wir den Direktor, «wenn sie fündig werden?» Die Antwort ist kurz und ernüchternd: «Dann ist es aus mit diesem Paradies. Ende, Schluss, aus! So haben sie es an der Wolga gemacht und am Kaspischen Meer und weiß der Teufel wo. Und niemand hat sie davon abgehalten. Wenn die Welt nicht aufschreit, werden wir auch hier keine Chance haben. Das Lenadelta als Lebensraum wird sterben.»

Die nun tiefer stehende Abendsonne überzieht Tümpel und Seen des Deltas mit einem unwirklichen rötlichen Glanz. Mit dem Grün der Wiesen und dem hellen feinen Ufersand der Flussarme ergeben sie ein farbenprächtiges abstraktes Gemälde, dessen Struktur an Bilder Paul Klees erinnert.

Nach einem Rotorschaden und einer Notlandung bringt uns der altersschwache Hubschrauber wohlbehalten zurück nach Tiksi.

Der Baikalsee – der älteste, tiefste, wasserreichste und sauberste See der Erde. «Heiliges Meer» nennen ihn die Sibirier und besingen ihn in unzähligen Liedern. Aus der Region um den Baikal kamen einst die Vorfahren der nordamerikanischen Indianer. An seinem westlichen Ufer beginnt unsere Expedition, auf der wir ihren Spuren folgen wollen.

Ein Dorf am Baikalsee. Nach europäischen Maßstäben leben die Menschen hier in Armut –
aber der See und die Taiga ernähren sie seit Tausenden von Jahren.

Blick vom Kamm des Baikalgebirges auf das Tal der Lena. Vom Ufer des Sees ist die Lenaquelle nur etwa zwölf Kilometer Luftlinie entfernt. Um zu Fuß dorthin zu gelangen, braucht man jedoch drei bis vier Tagesmärsche durch die Taiga.

Das ARD-Team in Begleitung von Trägern und Taigajägern auf dem Marsch zur Lenaquelle. Die kreisrunde Kopfbedeckung ist ein sibirischer Taigahut, von dessen Krempe ein Moskitonetz bis auf die Schultern herabgelassen werden kann.

Erste Rast. Die Sommerhitze in Sibirien wird meist unterschätzt. Das Thermometer zeigt an diesem Junitag 33 Grad im Schatten – ideal für die gefürchteten sibirischen Stechmücken, deren Stachel zuweilen sogar durch Leder geht.

Taigalandschaft so weit das Auge reicht. Wie überall in der Taiga: kein Weg, kein Steg. Marschiert wird nach dem Kompass und der Sonne.

Unser wissenschaftlicher Begleiter, der Biologe Dr. Semjon Ustinow, und der Reporter beim Durchqueren eines Taigaflusses.

Am westlichen Baikalufer und im Quellgebiet der Lena wimmelt es von Bären. Das Betreten des Gebiets ist nur in Begleitung von Jägern mit Gewehr gestattet.

Kostja, einer unserer Begleiter, ist professioneller Taigajäger. Er hat schon mehr als dreißig Bären erlegt, aber nur, wie er sagt, aus Notwehr – um sich, sein Vieh, sein Dorf zu beschützen. «Freiwillig riskierst du nicht einmal für tausend Dollar eine Begegnung mit einem Bären.»

Wieder einmal sind die Stiefel voll Wasser gelaufen. Barfuß durch die Flüsse in dieser Gegend zu waten ist unmöglich – die Steine im Flussbett sind stellenweise so scharfkantig, dass sie die Fußsohlen zerschneiden. Und zudem so glitschig, dass sie keinen Halt geben.

Trügerische Taiga: Unter dem grünen Teppich verbirgt sich eine Schicht spitzen und vertrockneten Geästs, in die man gelegentlich bis zur Hüfte einsinkt.

Nach jeder Stunde Marsch gibt es ein paar Minuten Rast. Valet, der Hund des Taigajägers Kostja, hat sie offenbar genauso nötig wie wir.

Auf dem Taigamarsch begleitet uns Natascha, die «Hüterin der Vorräte». Das Lagerfeuer dient nicht der Romantik, sondern dazu, Suppe zu kochen, Kleidung zu trocknen, Stechmücken zu vertreiben und Bären fern zu halten.

Eine Winterhütte der Taigajäger. Hier findet man meist ein paar Bretter zum Schlafen, ein Säckchen mit getrockneten Brotstücken, einen Beutel Salz und eine Axt. Bevor wir weiterziehen, wird die Hütte wieder vernagelt. Und natürlich lassen auch wir Vorräte für die nächsten Besucher da.

Wenige Kilometer vor der Quelle – die Lena kommt uns als steiniger Gebirgsbach entgegen. Bis zu ihrer Mündung ins Nördliche Polarmeer wird sie noch 4400 Kilometer zurückzulegen haben.

«Wir sind siamesische Zwillinge», sagt Maxim, der Künstler mit der Kamera. Seit mehr als zehn Jahren arbeiten wir zusammen und verstehen uns längst ohne Worte – in Ostpreußen und am Baikalsee ebenso wie in der eisigen Gebirgslandschaft Nordsibiriens und in der Hitze der sommerlichen Taiga.

Ein sumpfiges Hochplateau unweit der Lenaquelle. Andrej, der Toningenieur, geht ausnahmsweise als Letzter, um die Vielfalt der Vogelstimmen ohne störende Nebengeräusche einfangen zu können.

Ein See im Quellgebiet der Lena. Früher hielt man diesen See, der noch keinen Namen hat, für den Ursprung des Flusses.

Semjon Ustinow wurde am Baikalsee geboren – seit fünfzig Jahren durchwandert er diese Region. Er hat unzählige Bücher über die Tier- und Pflanzenwelt des Baikal geschrieben und 1996 die Lenaquelle entdeckt. Sein größter Wunsch: «Ich möchte dazu beitragen, dass die Natur bleibt, wie sie ist.»

Die Lenaquelle. «Wenn man dieses Wasser nicht trinkt», sagt Semjon Ustinow, «kann man sich gleich hinlegen und sterben. Das beste Wasser der Welt.» Und nach einer Pause fügt er hinzu: «Wollte Gott, es gäbe auf der ganzen Welt so reines Wasser.»

Steppenlandschaft im südlichen Lenagebiet.

Die Felswand von Schischkino am rechten Steilufer der Lena, etwa zweihundert Kilometer von der Quelle entfernt, ist eines der ältesten Kulturdenkmäler Sibiriens. Einige der Zeichnungen sind vor mehr als fünfzehntausend Jahren entstanden, zur gleichen Zeit wie die Höhlenmalereien im spanischen Altamira und in anderen europäischen Ländern. Und wie in den Legenden und bildlichen Darstellungen vieler Indianerstämme Nordamerikas ist der Elch ein zentrales Motiv.

So lieblich die Lena an vielen Stellen erscheint, so gefürchtet ist sie bei den Kapitänen. Im Sommer beträgt die Wassertiefe oft nicht einmal einen Meter. Und fast täglich ändert sich die Fahrrinne, lässt der Treibsand neue Untiefen entstehen, wachsen kleine und größere Inseln aus dem Wasser. Daher muss nachts der Schiffsverkehr auf der Lena ruhen.

Nur vier bis fünf Monate im Jahr ist die Lena eisfrei. In dieser kurzen Zeit müssen auf ihr sämtliche Versorgungsgüter in den Hohen Norden geschafft werden. Bahnverbindungen und Straßen dorthin gibt es nicht, die Lena ist die Lebensader Ostsibiriens.

Alexander Pawlowitsch, der Kapitän der «Morgenröte», des kleinen Passagierdampfers, den wir gechartert haben, um zu unserem nächsten Ziel, Jakutsk, zu gelangen. Einen regulären Passagierverkehr auf der zweitausend Kilometer langen Strecke gibt es nicht mehr, seit die einst stolze Lenaflotte privatisiert wurde und in Konkurs ging.

Eine der vielen Felswände am Lena-Ufer, deren phantastischer Anblick verzaubert. Ihre Ausläufer setzen sich unter der Wasseroberfläche fort und erzeugen oft tückische Wirbel und Strömungen.

Ein Raddampfer mit jakutischen Ausflüglern an Bord. Das Schiff ist mehr als fünfzig Jahre alt, noch immer weht am Bug die Sowjetfahne mit Hammer und Sichel.

Abendstimmung an der Lena.

**Je weiter wir nach Norden kommen, umso einsamer wird es an den Ufern der Lena.
Oft sehen wir tagelang keine Hütte, keinen Menschen, nur Taiga.**

Viel Zeit zum Träumen – melancholischer Reporter in melancholischer Landschaft.

Die romantische Lena.

Die Lenafelsen, der «Sitz der jakutischen Götter». In die fast vierzig Kilometer lange und bis zu zweihundert Meter hohe Felsphalanx haben Sonne, Regen, Wind, Hitze und Frost im Verlauf von Millionen von Jahren die wundersamsten Figuren geformt. Unweit des Felsmassivs fanden sibirische Archäologen primitive Werkzeuge und Waffen, die denen der ältesten menschlichen Kulturen in Afrika ähneln.

Die brutale Lena. Jahr für Jahr, wenn das Eis schmilzt, tritt der Fluss über die Ufer und richtet verheerende Schäden an. Nicht selten reißt die Flut ganze Dörfer und Siedlungen mit sich. Hier die Stadt Lensk im Mai 2001, wenige Wochen bevor wir mit der «Morgenröte» anlegten.

Aufstieg zur Spitze der Lenafelsen.

Blick von den Lenafelsen über den Fluss und die unendliche Taiga. «Nur die Vögel wissen, wo sie endet.» (Anton Tschechow)

Zwei Felstürme über der Lena – wie steinerne Zinnen einer Burg.

Gelegentlich kommt ein Lastschiff in Sicht. Auch der Frachtverkehr auf der Lena hat seit dem Zusammenbruch der Sowjetunion drastisch abgenommen.

Landschaft am Mittellauf der Lena, wenige hundert Kilometer vor Jakutsk. Der Fluss wird immer breiter, an manchen Stellen misst er bis zu fünfzehn Kilometer. Die Lena zählt zu den wenigen Strömen Eurasiens, die noch nicht durch Wasserkraftwerke, Staudämme oder andere hydrotechnische Bauten in ihrem natürlichen Lauf behindert werden.

Auf der Dorfstraße von Tumul an der Lena. Wir suchen Veteranen, die im Zweiten Weltkrieg gegen die Deutschen gekämpft haben. Der Blutzoll der sibirischen Regimenter, die Moskau vor den deutschen Truppen retteten und als wintererfahrene Scharfschützen auch in Stalingrad zum Einsatz kamen, war besonders hoch. Nicht einmal die Hälfte der jungen Männer Jakutiens kehrte aus dem Krieg zurück.

Eine Frau, deren Vater gegen die Deutschen gekämpft hat. Sie ist wortkarg. «Was soll ich schon Gutes über die Deutschen sagen? Sie interessieren mich nicht. Aber wenn sie als Touristen kommen wollen, bitte.»

Auf dem Sonnenfest der Jakuten, dem höchsten nationalen Feiertag, zugleich das jakutische Neujahr (22. Juni). Mit knapp fünfhunderttausend Menschen sind die Jakuten das größte Volk Nordsibiriens. Das Territorium, auf dem sie leben, ist fast zehnmal so groß wie Deutschland, ihre Sprache mit der der Turkvölker verwandt. Wahrscheinlich kamen sie im 5. oder 6. Jahrhundert n. Chr. als Vieh- und Pferdezüchter aus dem südlichen Sibirien, vor allem dem Baikalgebiet, an den Mittellauf der Lena.

Pferde spielen in der jakutischen Mythologie eine besondere Rolle – als Abgesandte des Himmels, Freund und Ernährer des Menschen. Daher kommt ihnen auch beim Sonnenfest, das von einem Schamanen (Bildmitte) geleitet wird, zentrale Bedeutung zu. Zu Sowjetzeiten war es verboten, dieses Fest zu feiern, es galt als Ausdruck des «jakutischen Nationalismus».

Mit dem Sonnenfest wird Ajyysyt geehrt, die Göttin der Fruchtbarkeit. Im Hintergrund des Bildes ist eine stilisierte jakutische Sommerjurte zu sehen, die indianischen Wigwams gleicht.

Ein jakutischer Männertanz, der in seiner Körpersprache indianischen Kriegstänzen ähnelt.

Farbenprächtige Kostüme auf dem Sonnenfest.

Die Stadt Tiksi am östlichen Mündungsarm der Lena in das Polarmeer. Während des Kalten Krieges war Tiksi die wichtigste Garnisonsstadt an der Nordküste Sibiriens. Die hier stationierten sowjetischen Raketen waren über den Nordpol direkt auf die USA gerichtet. Heute spielt Tiksi militärisch keine Rolle mehr, von den einst fünfzehntausend Einwohnern sind nur noch knapp fünftausend geblieben.

Der Hafen von Tiksi. Früher legten hier bis zu zweihundert Schiffe jährlich an, die den Nördlichen Seeweg entlang der sibirischen Küste nahmen. Heute wird diese Route kaum noch befahren, der Hafen ist tot. Die Kräne, die regungslos dort stehen, hat einst der VEB Magdeburg geliefert.

Abendstimmung am östlichen Mündungsarm der Lena.

**Ein ehemaliger Lagerfriedhof auf einer Insel im Lenadelta. Hierhin, fast tausend Kilometer
nördlich des Polarkreises, hatte Stalin 1941 mehrere hundert litauische Fischer mit
ihren Familien deportieren lassen – zur Zwangsarbeit. Überlebt hat so gut wie niemand.
Das Kreuz im Vordergrund wurde von Angehörigen der Opfer im Jahr 2001 errichtet.**

Der Polarwind hat die Särge der Fischer und ihrer Familien freigelegt. Im ewig gefrorenen Boden verwittert das Holz nicht.

Blick über das Delta der Lena, nach dem des Mississippi das größte Flussdelta der Welt. Es hat eine Fläche von 61 300 Quadratkilometern und ist damit etwa doppelt so groß wie Belgien. Im Jahr 1996 erhielt es von der UNESCO den Status eines «Biosphären-Reservats» und wurde in die Liste des «Welt-Naturerbes» aufgenommen.

Unzählige Wasserarme und Tümpel durchziehen das Lenadelta. Hier mischt sich das Süßwasser des Flusses mit dem Salz des Polarmeeres – ein «Paradies für Pflanzen und Tiere», wie die internationalen Naturschützer betonen.

An der nördlichen Spitze des Lenadeltas, auf der Insel Sagastyr. Der Direktor des Lenadelta-Reservats, der uns begleitet, begrüßt einen der drei letzten Bewohner der Insel. Früher lebten hier, unmittelbar am Rande des Polarmeeres, rund vierhundert Menschen, fast ausschließlich Jäger und Fischer vom Stamm der Ewenken.

Gruppenfoto mit den letzten Bewohnern von Sagastyr – einem alten Fischer und seinen beiden Söhnen. Sie leben von dem, was die Natur des Deltas bietet. Zur nächsten bewohnten Siedlung sind es zwölf Stunden mit dem Boot. «Man hat uns vergessen», sagen sie. Aber weg wollen sie nicht. «Hier ist es ruhig, hier stört dich keiner.» Gelegentlich kommt der Direktor des Naturreservats (rechts) mit dem einzigen Hubschrauber der Riesenregion vorbei, mehr Kontakt zur «Zivilisation» haben die Männer nicht.

Schwäne über dem Lenadelta. Als Nist- und Brutplatz ist das Delta eine der wichtigsten Drehscheiben des weltweiten Vogelflugs. Hierher kommen zu Beginn des Sommers unzählige Schwärme vom Atlantik und der Nordseeküste, aber auch vom Pazifik und dem Oberlauf der Lena. Ende August, wenn die Brutzeit vorbei ist, machen sie sich auf den Weg zurück nach Europa, Indonesien, Australien und sogar nach Südafrika.

Eine einzigartige Naturerscheinung: Vielecktümpel, die sich wie ein fein gewebtes Netz endlos durch das Lenadelta ziehen. Sie entstehen durch das gewaltige Temperaturgefälle, das hier am Rand der Arktis bis zu 90 Grad Celsius betragen kann.

Wiesenlandschaft im Lenadelta. Die kleinen Seen sind nicht einmal einen Meter tief. Darunter liegt spiegelblankes Eis.

Mehr als neunzig Vogelarten nisten hier im Delta, darunter viele vom Aussterben bedrohte.

TEIL 2 **ANS ENDE DER TAIGA –**
VON JAKUTSK
ZUM STILLEN OZEAN

Straße des Todes» wird der Weg genannt, den wir nun einschlagen müssen, um von der Lena zum Stillen Ozean und weiter nach Amerika zu gelangen. Unser Traum, von Tiksi aus mit einem Schiff durch das Polarmeer bis zur Beringstraße und nach Alaska zu reisen, hat sich zerschlagen. Kein Schiff, kein Holzfrachter, kein Tanker, kein Atomeisbrecher, so hatte es der Hafenkapitän von Tiksi vorausgesagt und so bestätigten uns alle russischen und internationalen Reedereien, würde hier in absehbarer Zeit auftauchen. Also bleibt nur der Landweg, den einst Vitus Bering einschlug, als er 1726 im Auftrag von Zar Peter dem Großen zu seiner ersten Kamtschatka-Expedition aufbrach, um zu erkunden, ob Russland und Amerika durch eine Landbrücke verbunden oder eine Meerenge getrennt sind. Bering brauchte mit seinen Pferden und Schlitten für diesen Weg, von Jakutsk quer durch das ostsibirische Gebirgsland bis zum Stillen Ozean, fast neun Monate. Ganz so viel Zeit wollen wir uns nicht nehmen.

Die «Straße des Todes» ist die einzige auch für moderne Verkehrsmittel passierbare Landverbindung durch Ostsibirien. Sie ist 2200 Kilometer lang und heißt offiziell «Kolyma-Trasse». Den Beinamen «Straße des Todes» trägt sie aus doppeltem Grund: Sie wurde zu Zeiten Stalins von Häftlingen des GULAG gebaut und kostete Zehntausende, wenn nicht gar Hunderttausende von ihnen das Leben; und sie gilt heute als die gefährlichste Straße Russlands, eine Schnee- und Eispiste durch die winterliche Taiga, über zugefrorene Flüsse und Sümpfe, durch enge Schluchten und über gewaltige, kurvenreiche und steile Gebirgspässe ohne Markierungszeichen und Seitenbegrenzungen. Nirgendwo sonst, so sagt die Statistik, kommen in Russland so viele Autofahrer zu Tode wie auf dieser spiegelglatten Trasse, sie rasen ineinander oder gegen Bäume links und rechts der

Fahrbahn, stürzen in Schluchten und Flüsse, bleiben mit defektem Motor oder anderen Pannen liegen und erfrieren.

Die Suche nach einem geeigneten Transportmittel, das uns von Jakutsk über die Kolyma-Trasse zur Hafenstadt Magadan am Stillen Ozean bringt, gestaltet sich schwierig. In ihrer ganzen Länge befahrbar ist die Trasse nur im Winter, weil dann die Sümpfe und Flüsse, die man überqueren muss, gefroren sind. Brücken sind in Sibirien eine Seltenheit. Im Winter zu reisen aber bedeutet, dass wir zwei Autos chartern müssen, aus Sicherheitsgründen. Mit einem einzelnen Fahrzeug um diese Jahreszeit im Norden Sibiriens unterwegs zu sein ist lebensgefährlich. Bleibt man bei Temperaturen um minus 50 Grad – sie gelten hier als normal – irgendwo in der Taiga oder in anderen unbelebten Gegenden liegen, helfen auch die großartigste Notausrüstung und der dickste Schlafsack nichts mehr.

Am besten, so unsere Überlegung, wäre es, einen jener mächtigen geländegängigen russischen Lkws zu finden, mit denen man selbst bei Schneeverwehungen und im dichten Unterholz der Taiga weiterkommt. Auf der Ladefläche ist dort zumeist eine behelfsmäßige, heizbare Personenkabine montiert, die bei Bedarf zugleich als Küche und Schlafraum dienen kann. Als kleineres Begleitfahrzeug schwebt uns ein japanischer winterfester Kleinbus vor, wie man sie inzwischen auch auf den Straßen von Jakutsk immer häufiger sieht. Doch weder ein Lastwagen vom Typ «Ural» ist hier aufzutreiben noch ein japanischer Kleinbus. Die Lastwagen sind entweder defekt oder zum Transport von Kohle und Heizöl für die umliegenden Siedlungen von Jakutsk eingesetzt, und die Besitzer der Kleinbusse fürchten, bei einer Panne auf den 2200 Kilometern durch die fast menschenleere Schnee- und Eiswüste keine Ersatzteile zu finden oder Schwierigkeiten mit der hochkomplizierten Elektronik zu bekommen, die man beim besten Willen nicht selber beheben kann. Sie raten uns, es mit robusten russischen Wagen zu versuchen, die könne schließlich jeder mit einem Hammer und einem Lötkolben reparieren, sogar in der Taiga. Und so finden wir schließlich zwei der hochbeinigen, allradgetriebenen und mit Spezialheizung versehenen russischen Kleinbusse vom Typ «U-AS», deren Fahrer bereit sind, mit uns das Abenteuer zu wagen. Vorausgesetzt, wir sorgen unterwegs für das Benzin – aber da haben wir ja schon Erfahrungen mit der «Sarja».

Der erste Abschnitt der Trasse führt über die zugefrorene Lena bei Irkutsk, die an dieser Stelle etwa zwölf Kilometer breit ist. Wir haben Anfang März, und die Eisdecke misst jetzt mindestens anderthalb Meter. Die Spur über den Fluss ist vom Schnee geräumt, der Verkehr wird durch einen Wald von Straßenschildern geregelt, die man einfach ins Eis gerammt hat. Das zulässige Höchstgewicht für Lastwagen, besagt eines dieser Schilder, beträgt fünfundvierzig Tonnen. Es herrscht Überholverbot, die zulässige Höchstgeschwindigkeit beträgt dreißig Kilometer pro Stunde. Doch daran hält sich offenkundig niemand.

In beiden Richtungen herrscht lebhafter Verkehr. Personenwagen, Kleinbusse, Traktoren, Tieflader mit Baukränen und mächtigen Betonteilen, altersschwache, mit Kohle oder Zementsäcken beladene Lkws, Langholzfuhren und Tanklaster mit Anhängern donnern uns entgegen, als führen sie auf dem sommerlichen Asphalt deutscher Autobahnen. Wir beginnen zu begreifen, warum sich hier so viele Unfälle ereignen – zumal wir den Spruch der sibirischen Lastwagenfahrer kennen: «Bei uns gibt es keine Miliz, warum sollen wir nüchtern fahren?»

Je weiter wir nach Osten gelangen, umso weniger Fahrzeuge begegnen uns, umso menschenleerer wird die Landschaft. Zuweilen tauchen links und rechts der Trasse kleine, tief im Schnee versunkene Dörfer auf, die nur aus wenigen Holzhäuschen bestehen, umgeben von schiefen oder zusammengebrochenen Bretterzäunen. In der Nähe der Dörfer ziehen Kühe die Straße entlang, mitunter auch kleine, gedrungene Pferde mit dickem Winterfell und buschigem, bis in den Schnee reichendem Schwanz. Sie gehören zur einzigartigen Rasse der Jakutenpferde, die sich wie keine andere im Laufe der Jahrhunderte an die harten Bedingungen des sibirischen Nordens angepasst hat. Als einzige Pferderasse der Welt können sie bei Temperaturen von 60 Grad unter null in freier Natur allein zurechtkommen – und sich sogar gegen Wölfe wehren. Ihre Nahrung finden sie, indem sie mit den Vorderhufen unter der Schneedecke verborgenes Moos und Taigagras hervorkratzen.

Das Pferd nimmt in der Geschichte der Jakuten eine Sonderrolle ein. Sie haben es einst aus den Steppen südlich des Baikalsees in den Norden Sibiriens mitgebracht – nicht nur als Last- und Reittier, sondern auch als wichtigstes Nahrungsmittel und Ausgangsmaterial für

Kleidung aller Art. In einigen Legenden der Jakuten gilt das Pferd als Abgesandter des Himmels, ja als Vorfahre der Menschen. Das jedenfalls erzählt uns Wladimir Makarow, der Besitzer einer der größten Herden, dem wir irgendwo bei Kilometer 500 der Kolyma-Trasse begegnen. Früher war der gelernte Veterinär Direktor einer Kolchose. Nach der Wende in Russland wurde sie privatisiert, Wladimir Makarow sicherte sich die Mehrheit der Aktien, und so wurde er der Herr der Herde. Schon sein Vater war Pferdezüchter, sein Großvater und dessen Vater ebenso. Einen Teil der Pferde verkauft er heute als Schlachtvieh, bis nach Italien, wie er stolz erklärt, andere als Reitpferde oder «Spielzeuge» für die Kinder neureicher russischer Geschäftsleute, die es schick finden, sich ein jakutisches Pferd zu kaufen, das selbst im strengsten Winter noch draußen im Garten herumlaufen kann. «Das Pferd», sagt Wladimir Makarow, «ist das Sinnbild der Schönheit, der Kraft und der Männlichkeit.» Und ganz im Ernst fügt er hinzu: «Ohne Pferd ist der Jakute kein Jakute.»

Während die Pferdezucht eine traditionelle Domäne der meist sesshaften Jakuten ist, sind die Angehörigen der kleineren sibirischen Völker Nordsibiriens, vor allem die Ewenen und Ewenken, auch heute noch häufig Nomaden und ziehen mit ihren Rentierherden durch Taiga und Tundra. Zwar wurden zu Sowjetzeiten feste Siedlungen für sie errichtet, in denen die Kinder zur Schule gingen, die Alten ihren Lebensabend verbringen konnten, ein Mindestmaß an medizinischer Versorgung gesichert war und die Kolchosverwaltung, zu der die zwangsverstaatlichten Herden gehörten, ihren Sitz hatte. Seit die Kolchosen jedoch abgeschafft sind, kehren immer mehr Angehörige der kleinen Urvölker zu ihren traditionellen Lebens- und Wirtschaftsformen zurück. Viele der staatlichen Rentierherden wurden aufgeteilt und einzelnen Familienclans zugesprochen, die nun mit den Tieren im Sommer wie im Winter umherziehen.

Die Herde, die wir suchen, soll sich etwa zwei Tagesreisen nördlich der Kolyma-Trasse befinden – zu erreichen nur auf Schneeschuhen oder mit dem einzigen intakten «Ural» im Umkreis von einigen hundert Kilometern. Wir haben Glück und treiben ihn nach kurzer Zeit auf, doch die Herde zu finden ist weit schwieriger. Sie ist, so hatte man uns gesagt, um diese Jahreszeit ständig unterwegs in einem Gebiet von rund hunderttausend Quadratkilometern, einer Fläche also etwa doppelt so groß wie Holland. Und an keiner Stelle würden sich die Nomaden mit ihren etwa neunhundert Tieren länger als drei Tage aufhalten.

Marfa, die junge Zootechnikerin, die uns begleitet, gehört zum Familienclan, der mit der Herde umherzieht. Sie ist Ewenkin, hat in Jakutsk eine Fachhochschule besucht und schaut regelmäßig nach den Tieren. In ihrer Kindheit hat sie selbst als Nomadin mit ihren Eltern in der Taiga gelebt. Auf die Frage, was die so genannte Zivilisation ihrem Volk, den Ewenken, gebracht hat, antwortet sie zunächst vorsichtig. Auf bestimmten Gebieten, sagt sie, habe die Zivilisation durchaus etwas Positives bewirkt. Im Bereich der Kunst und Kultur etwa, wo sie «manchem aus meinem Volk» die Möglichkeit gegeben habe, sich zu bilden, weiterzuentwickeln, zu zeigen, welch schöpferisches Potenzial in ihm steckt. «Auf der anderen Seite jedoch», so Marfa, «hat die Zivilisation viel Schaden angerichtet, viel Unheil gebracht, wie allen kleinen Völkern. Alkohol, Krankheiten, die wir vorher nicht kannten, und vieles mehr. Sie hat unsere Gesundheit zerstört, unsere Gene beschädigt, uns schutzlos gemacht gegen Einwirkungen von außen.»

Die einzige Chance, als Volk zu überleben, davon ist Marfa überzeugt, ist die Rückbesinnung auf die alten Traditionen. «Und dazu brauchen wir die Taiga. Das ist unser Land. Und wir brauchen die Rentiere. Wenn es keine Rentiere mehr gibt, wird es auch uns nicht mehr geben. Das muss man begreifen.» Doch ob sich die Nomaden mit ihrer traditionellen Lebensform in der modernen Konsumgesellschaft des neuen Russland behaupten können – da ist sich Marfa nicht sicher. «Bei den Preisen, die zurzeit für das Rentierfleisch gezahlt werden, können wir uns noch nicht einmal genügend Munition kaufen, um unsere Tiere vor den Wölfen zu schützen.»

Nach einer Woche auf der Kolyma-Trasse erreichen wir Ojmjakon, den «Kältepol der Erde», wie sich das vierhundert Einwohner zählende Dorf stolz nennt. Hier wurde mit minus 72 Grad die niedrigste Temperatur gemessen, die man je an einem bewohnten Ort der Erde registriert hat. Das jedenfalls besagt ein schmiedeeisernes Denkmal in der Mitte des Dorfplatzes.

Als wir in Ojmjakon gegen Mittag aus den Kleinbussen steigen, zeigt unser digitales Thermometer gerade einmal 35 Grad unter null. «Frühling», wie uns ein junger Jakute ohne Kopfbedeckung und mit offener Jacke strahlend erklärt. Vor drei Wochen seien es 63 Grad unter null gewesen – «das versteht man hier unter Kälte!» Die meisten Dorfbewohner sind aber durchaus winterlich angezogen: dicke Pelzmützen mit Ohrenklappen, gesteppte Wattejacken, traditionelle, aus Filz gewirkte Stiefel, Walenki genannt. Auffallend viele Frauen tragen lange, bis zu den Knöcheln reichende Pelzmäntel aus Kaninchenfell, Fuchs oder Nerz – alles, wie man uns versichert, in Heimarbeit hergestellt und aus heimischen Wäldern. «Jeder Mann in Ojmjakon ist ein Jäger.»

Die dick vermummten Kinder, die auf der Straße spielen, haben nicht etwa kältefrei, sondern Frühjahrsferien. Schulfrei, erzählen sie, gibt es erst ab minus 55 Grad. Besser haben es nur die ganz Kleinen in der ersten und zweiten Klasse. Sie dürfen bereits bei minus 51 Grad zu Hause bleiben.

Nach dem Zusammenbruch der Kolchose, in der man Jagd- und Holzwirtschaft betrieb und die auch eine kleine Kuhherde unterhielt, sind die meisten Männer in Ojmjakon arbeitslos. Manche von ihnen stehen schon am Morgen vor dem Dorfladen Schlange – nach Wodka und Bier. Beides wird in großen Mengen angeboten und gekauft. Das Geld dafür besorgen sich die Männer vor allem durch die Jagd auf Pelztiere. Illegal natürlich. Aber wer wird das am kältesten Punkt der Erde kontrollieren ...

Das Dorf für immer verlassen wollen nur wenige – in der Regel junge Frauen, die nach höherer Bildung und einem, wie sie sagen, «kultivierteren Leben» in der Stadt streben. Die meisten jedoch, mit denen wir ins Gespräch kommen, versichern mit Nachdruck, dass ihnen die Kälte und die langen, dunklen Winter nichts ausmachen. «Wir sind hier geboren, und der Mensch ist ein Kind der Natur. Er gewöhnt sich an alles. Mit der Natur darf man nicht streiten.»

Ojmjakon liegt fast genau auf der Hälfte des Weges von Jakutsk zur Hafenstadt Magadan am Stillen Ozean. Ging die Fahrt bisher durch eine zwar wilde und raue, aber weitgehend unberührt erscheinende Taigalandschaft, werden die Eingriffe des Menschen in die Natur nun auch in diesem Teil Sibiriens unübersehbar. Manchmal hat man den Eindruck, als führe die Kolyma-Trasse durch eine Nachkriegslandschaft. Riesige Erdlöcher, die Bombenkratern ähneln, daneben flache, runde Hügel, Spitzkegel, pyramidenförmig aufragende Abraumhalden. Bisweilen das Wrack eines Baggers, ein umgeknickter Förderturm, rostzerfressene Wellblechbaracken. Und immer wieder Ruinen. Es sind die Reste ehemaliger Dörfer und Siedlungen, verlassen, dem Verfall preisgegeben. Jeder Zentimeter Erde ist umgewühlt worden auf der Suche nach den verborgenen Schätzen – vor allem Gold, aber auch Blei, Zinn, Wolfram, Kobalt, Kohle, später dann Uran.

Zu Beginn der zwanziger Jahre des vergangenen Jahrhunderts waren die ersten Vorkommen entdeckt worden. Zu ihrer Erschließung ließ Stalin Millionen von Häftlingen, Sklavenarbeiter, in das «Eisgefängnis ohne Gitter», wie man diese Region in Russland nannte, deportieren. Jede Siedlung, jedes Dorf, das wir nun passieren, ist aus einem ehemaligen Lager entstanden. Alles hier wurde von Häftlingen erbaut: jedes Haus, jede Straße, jede Fabrik, jede Ziegelei, jedes Sägewerk, jeder Staudamm, jede Hafenanlage. Jeder Stein, jeder Sack Zement, jeder Eimer Sand, der hier bewegt wurde, wurde von Häftlingen bewegt.

Die meisten der Häftlinge, fast 80 Prozent, waren bei der Goldgewinnung eingesetzt, zumeist in Bergwerken unter Tage, gegraben ins ewige Eis. Sie waren die wichtigsten Devisenbringer der Kremlherrscher. Die ersten Häuser der Goldgräbersiedlung Saryljach, unserem nächsten Ziel, wurden ebenfalls von Häftlingen errichtet, und Gefangene waren es auch, die die ersten Stollen in den 3003 Meter hohen «Berg des Sieges» trieben, der sich am Ortsrand von Saryljach erhebt. Zu Sowjetzeiten zählte Saryljach mehr als viertausend Einwohner. Seit die Lager 1956 aufgelöst wurden, waren die meisten von ihnen freiwillig hier, ehemalige Häftlinge, die nirgendwo sonst in Russland eine Bleibe fanden, oder Arbeitsuchende aus allen Teilen des Riesenreiches Sowjetunion, die der «lange Rubel», das große Geld, nach Sibirien lockte. Die Löhne waren mindestens doppelt so hoch wie im übrigen Land, es gab zweimal so viel Urlaub, die Versorgung mit Lebensmitteln und Konsumgütern war zuweilen sogar besser als in Moskau oder Leningrad.

Als wir nach Saryljach kommen, sind die einzigen Lebewesen, die uns begegnen, ein paar Hunde, die zwischen den Gerippen zertrümmerter Gewächshäuser herumstreunen. Die Fensterhöhlen der fünfstöckigen Wohnblocks starren wie tote Augen, die Eingangstüren sind eingetreten oder aus den Angeln gerissen, manche Dächer eingestürzt. Bei einigen Häusern fehlen die Außenwände, sodass der Blick direkt in die leer geräumten Zimmer geht. An einem der Wohnblocks hängt ein Plakat. Es zeigt, leicht verwittert, aber immer noch gut erkennbar, den markanten Kopf Lenins und einen jungen Arbeiter. Darunter steht in großen Lettern: «Der Sieg des Kommunismus ist unausweichlich.» Die ausgestreckten Arme der beiden weisen auf das zerfallene Haus nebenan. In der Nähe der alten Stolleneingänge am Fuße des Berges ragen aus dem Schnee verrostete Eisenteile: Baggerschaufeln, riesige zerbrochene Zahnräder, die Fahrerkabinen einiger Lastwagen, deren Fenster und Sitze herausgerissen sind.

Während wir, ständig umtobt von der Meute kläffender Hunde, die Ruinen der einstigen Goldgräbersiedlung filmen, läuft eine ältere Frau keifend und mit den Armen fuchtelnd auf Maxim und seine Kamera zu. Was wir hier täten, will sie mit schriller Stimme wissen, ob wir eine offizielle Genehmigung hätten und einen offiziellen Begleiter und wie wir überhaupt hergekommen seien. Sie sei die «Wächterin» am Ort und «für alles verantwortlich». Wie sich herausstellt, sind die Frau, ihr Mann und noch zwei weitere ältere Ehepaare die letzten Bewohner von Saryljach. Sie sollen die Reste des «Maschinenparks» bewachen, wie sie den überall herumliegenden Schrott nennen, der demnächst angeblich abtransportiert wird.

Ein «kleines Paradies» sei Saryljach gewesen, gelebt hätten sie besser als in den großen Städten. Sie hätten gut verdient, erzählt die Frau, nachdem sie offenbar begriffen hat, dass wir weder «Spione» noch «Plünderer» sind. Auf Staatskosten seien sie zum Urlaub auf die Krim geflogen, im Kulturhaus habe es regelmäßig Konzerte und Theateraufführungen gegeben, und auch ein wunderschönes Kino habe man gehabt. Die Schule mit Schwerpunkt Musikunterricht sei weit über die Region hinaus bekannt gewesen – «sie war, neben dem Gold, der Stolz von Saryljach.» Doch dann sei – «dank dem verfluchten Gorbatschow» – die Wende in Russland gekommen und die Goldgrube privatisiert worden. Und als Mitte der neunziger Jahre der Goldpreis auf dem Weltmarkt ins Bodenlose fiel, habe man die Mine im «Berg des Sieges» geschlossen und den dazugehörigen Ort Saryljach «liquidiert». Staatliche Subventionen seien ausgeblieben, die neuen privaten Besitzer des Bergwerks fühlten sich «für nichts mehr» verantwortlich. Zuerst sei die Musikschule geschlossen worden, dann die Sparkasse. Als Nächstes, so die Frau bitter, hätten die Kindergärten zugesperrt, danach ein Geschäft nach dem anderen: der Haushaltswarenladen, das Lebensmittelgeschäft mit der großen Wodkaabteilung und schließlich die Bäckerei. Wer sich geweigert habe wegzuziehen, dem seien Strom und Wasser abgestellt worden. «Und so wie uns geht es den meisten hier in der Region. Sie werden nicht mehr gebraucht.» Persönlich allerdings, so die Frau zum Abschied, fühle sie sich nicht unglücklich und habe keine Sorge um die Zukunft. Sie und ihr Mann haben im Heizkraftwerk von Saryljach als Kohlenschipper gearbeitet. «Und Heizer werden in Sibirien immer gebraucht.»

Das Gebiet Kolyma, benannt nach dem östlichsten der großen sibirischen Ströme, war einst das Zentrum des Stalin'schen Lagersystems, die, so Alexander Solschenizyn, «größte und berühmteste Insel» des Archipels GULAG. Unzählige Lieder und Gedichte, aber auch Augenzeugenberichte in Prosaform beschreiben den «schwarzen Planeten Kolyma», den «Grausamkeitspol Russlands». Wer dorthin gerät, so heißt es in dem wohl bekanntesten russischen Häftlingslied, kommt um oder verliert den Verstand. «Eine Wiederkehr gibt es nicht.»

Das Territorium des «schwarzen Planeten Kolyma» hat die mehrfache Größe Westeuropas. Es erstreckt sich von Jakutsk an der Lena bis zur Halbinsel Tschukotka, der äußersten nordöstlichen Spitze Sibiriens, von der es bis nach Alaska nicht einmal mehr hundert Kilometer sind. Mit riesigen Frachtschiffen, auf denen bereits Tausende an Kälte, Hunger, Durst und Krankheit starben, wurden die Häftlinge, die zur Sklavenarbeit auf Kolyma bestimmt waren, von Wladiwostok über das Meer nach Magadan gebracht. Dort ging es, in langen Marschkolonnen, bewacht von Angehörigen der Geheimpolizei NKWD mit aufgepflanztem Bajonett und scharfen Hunden, weiter zu den Bergwerken entlang der Kolyma und ihrer Nebenflüsse. Für den Abtransport der gewonnenen Bodenschätze zum Hafen von Magadan mussten die Häftlinge die Kolyma-Trasse bauen, mit primitivstem Gerät: mit Schaufel, Spitzhacke, Schubkarre – und selbst bei Temperaturen von 50 Grad unter null nicht selten mit bloßen Händen. Wer an Erschöpfung, Kälte, Hunger, Auszehrung oder Misshandlungen durch die Aufseher starb, den legte man, wie Überlebende berichten, einfach ins Straßenbett. «Schotter drauf und fertig.» Wir wissen, dass wir 2200 Kilometer «über Knochen rollen», wie unsere sibirischen Fahrer sagen.

Von den meisten Lagern unmittelbar an der Kolyma-Trasse ist auf den ersten Blick kaum etwas übrig geblieben. Die Baracken sind bis auf wenige, die noch als Lagerhallen dienen, abgerissen oder eingestürzt. Der Stacheldraht wurde von Schrotthändlern demontiert und verhökert. Die Reste der Fundamente liegen im Winter unter dem Schnee verborgen, auch Wachtürme können wir nicht mehr entdecken. Sie wurden, wie man uns erzählt, zu Brennholz gemacht oder auf Befehl der Behörden abgerissen. Allzu augenfällig erinnerten sie wohl die Nachgeborenen an die schreckliche Vergangenheit des «schwarzen Planeten».

Etwas abseits der Trasse allerdings finden sich noch deutlich sichtbare Spuren einstiger Lager und Bergwerke. In den Baracken stoßen wir auf vermoderndes Schuhwerk der Häftlinge, auf Essgeschirre, gefertigt aus Konservendosen, holzgeschnitzte Löffel, Nähnadeln aus Fischgräten – und mit Nägeln oder bloßen Fingern in die Wände geritzte Ziffern. Sie zeigen das Strafmaß der Gefangenen: zehn, fünfzehn, zwanzig oder fünfundzwanzig Jahre Lager. Bei manchen steht daneben noch eine weitere Zahl – 58. Es ist der Paragraph, nach dem unter Stalin fast alle Opfer des politischen Terrors verurteilt wurden.

Die Fahrt auf der Kolyma-Trasse ist für Andrej, Maxim, Sascha und mich die bedrückendste Reise, die wir in den bislang zehn Jahren unserer Zusammenarbeit unternommen haben. Im Russischen hat der Name «Kolyma» eine ähnliche Bedeutung wie «Auschwitz» im Deutschen. Er gilt als Synonym für die schrecklichste Epoche in der Geschichte des Landes, für ein in seinem Charakter und seinen Dimensionen einzigartiges Verbrechen. Doch nirgendwo, an keiner Stelle entlang der gesamten Strecke, findet sich ein Mahnmal für die Opfer, eine Gedenktafel oder zumindest ein Hinweisschild auf ein ehemaliges Lager oder ein Bergwerk, eine Fabrik oder einen anderen Ort, an dem Hunderte oder Tausende oder Zehntausende Häftlinge ums Leben kamen.

Erst am Ende unserer Fahrt über den «schwarzen Planeten», in Magadan, wo einst die Häftlingsschiffe ankamen und die Schätze, die man der Erde Sibiriens unter unendlichen Opfern entrissen hatte, zum Transport in die Industriezentren der Sowjetunion und die Tresore des Kreml verladen wurden, begegnen wir einem Mahnmal für die Opfer der Stalin'schen Gewaltherrschaft auf Kolyma. «Maske des Leids» nennt sich der auf einem Hügel am westlichen Stadtrand Magadans errichtete fünfzehn Meter hohe Kopf aus Beton, aus dessen linkem Auge Tränen fließen – Tränen in Form von Frauenköpfen, Männerköpfen, Kinderköpfen. Das rechte Auge der Figur ist von Gitterstäben durchzogen. Darunter, in Beton gegossen, eine Nummer. Es ist die Häftlingsnummer des Bildhauers Ernst Neiswestnij, eines Überlebenden der Lager von Kolyma. Er hat das Denkmal entworfen.

Fast 80 Prozent der rund hunderttausend Einwohner von Magadan, so heißt es, sind Nachfahren von Häftlingen oder haben Familienangehörige in den Lagern Stalins verloren. Doch von denen, die einst selbst im Lager saßen, leben in Magadan nur noch ein paar hundert. Fast alle sind älter als achtzig Jahre.

Durch die Vermittlung einer privaten Bürgerinitiative, die trotz bescheidenster finanzieller Möglichkeiten versucht, sich um die Überlebenden der Lager zu kümmern, lernen wir den Schlosser Wladimir Iwanowitsch kennen. Als neunzehnjähriger Soldat geriet er in deutsche Kriegsgefangenschaft. Wie durch ein Wunder überlebte er mehrere deutsche Lager. Bei Kriegsende 1945 wurde er von amerikanischen Truppen befreit, an die Rote Armee übergeben und in die Sowjetunion zurückgeschickt. Hier wurde er als «Volksverräter» vor Gericht gestellt und zu zehn Jahren Zwangsarbeit in Sibirien mit anschließender Verbannung verurteilt. Seine Schuld bestand darin, dass er – anders als die meisten russischen Kriegsgefangenen – in Hitlers Lagern nicht gestorben war. Im Sommer 1946 kam er nach Kolyma, in ein Lager vierhundert Kilometer nördlich von Magadan. Mehrere tausend Häftlinge arbeiteten dort unter Tage in einer Goldgrube sowie in Steinbrüchen. Wladimir Iwanowitsch ist der einzige Überlebende seines Lagers. Die meisten Häftlinge, erzählt er, sind an Skorbut gestorben und an Misshandlungen durch die Wachmannschaften. Er habe Glück gehabt, als Schlosser konnte er in der Lagerwerkstatt arbeiten und war nahe der Küche und den Küchenabfällen.

Sonntag für Sonntag, wenn es das Wetter erlaubt, steigt Wladimir Iwanowitsch den Hügel zum Mahnmal in Magadan hoch, in seiner alten blauen Häftlingskleidung mit der Gefangenennummer MI 241.

Vor dem Stein, der den Namen seines Lagers trägt, nimmt er die blaue Häftlingsmütze ab, neigt den Kopf und hält Zwiesprache mit den toten Kameraden. «Jungs», sagt er an diesem Sonntag mit halblauter, aber fester Stimme, den Blick auf den Stein mit seinem Lagernamen gerichtet, «Jungs, entschuldigt, dass ich seit Oktober nicht mehr bei euch war. Es war ständig Schneesturm und starker Frost, ich konnte nicht aus dem Haus. Heute sind sogar unsere ehemaligen Feinde hier, aus Deutschland. Doch was heißt schon Feinde? Uns alle hat es getroffen, sie und uns. Alle haben ihrer Heimat gedient, sie und wir. Alle haben an irgendetwas geglaubt; haben geglaubt, dass sie Recht haben. Aber heute ist bei uns so vieles durcheinander. Niemand versteht mehr, wofür wir gekämpft haben. Und wir selbst verstehen es auch nicht mehr … Ihr seid glücklich. Ihr habt schon alles hinter euch. Wir quälen uns noch. Macht's gut, Jungs.»

Dann verbeugt sich Wladimir Iwanowitsch noch einmal tief, setzt die Häftlingsmütze mit der Nummer MI 241 auf und stapft durch den hohen Schnee davon, hinunter Richtung Magadan.

Es ist der 1. April 2002, der letzte Tag unserer Reise durch Kolyma, ans Ende der Taiga. Wir sind am Stillen Ozean.

Das Zentrum von Jakutsk, der Hauptstadt der Autonomen Republik Jakutien in Nordsibirien. Im Winter fällt das Thermometer zuweilen auf minus 60 Grad und noch tiefer.

Defekte Wasserleitungen in Jakutsk. Wegen des Permafrostes müssen in Sibirien sämtliche Wasser- und sonstigen Versorgungsleitungen oberirdisch verlegt werden.

Dampfer auf der zugefrorenen Lena. Acht Monate im Jahr liegen die Schiffe hier still.

Maxim filmt auf der Lena – bei minus 40 Grad und schneidendem Nordwind.

Unsere beiden Kleinbusse überqueren die Lena bei Jakutsk – Start zur zweiten Etappe
der Reise. Sie führt durch das endlose sibirische Bergland bis nach Magadan am Stillen Ozean:
2200 Kilometer auf einer Piste aus Schnee und Eis.

Winterlandschaft in Jakutien – ein Idyll, das todbringend sein kann. Ab minus 50 Grad schnürt die Kälte die Atemwege zu.

Jakutenpferde haben sich wie keine andere Pferderasse den harten Bedingungen des sibirischen Winters angepasst. Selbst bei Temperaturen von 60 Grad unter null laufen sie in freier Natur und finden ihre Nahrung. Mit den Vorderhufen kratzen sie das unter der Schneedecke verborgene Moos und Taigagras hervor.

Jakutischer Pferdehirt. Das Pferd war den Jakuten immer unentbehrlich – nicht nur als Last- und Reittier, auch als Nahrungsmittel und Ausgangsmaterial für Kleidung aller Art. Nun wird es mehr und mehr von der modernen Technik verdrängt – und doch bringt man ihm nach wie vor eine fast mythische Verehrung entgegen.

Rentierherde in Jakutien. Das ganze Jahr über ziehen die Tiere durch die endlosen Weiten der Taiga und Tundra. Eine einzige Herde benötigt für die Nahrungssuche ein Territorium mindestens so groß wie Bayern.

108 / 109

Rentierhirt mit selbst gebautem Lastschlitten. Die meisten Rentierhirten in Jakutien sind Nomaden vom Stamm der Ewenken, einem kleinen sibirischen Urvolk, das nur noch etwa zehntausend Menschen zählt.

Unter Stalin hat man die Rentierhirten in Kolchosen gezwungen, heute betreiben sie
die Zucht meist wieder im traditionellen Familienclan. Viele Herden wurden inzwischen
jedoch abgeschlachtet – ihr Unterhalt ist nicht mehr rentabel.

Frühlingsfest der Jakuten – Anfang März, wenn die ersten Sonnenstrahlen die Temperaturen wieder auf minus 30 Grad steigen lassen. Mythischer Mittelpunkt auch hier das Pferd.

112 / 113

Maxim und ich bei den Dreharbeiten während des Frühlingsfests. Im Hintergrund traditionelle Sommerzelte der Jakuten.

Berglandschaft in Ostsibirien. In der Bildmitte ein zugefrorener Fluss, links die Kolyma-Trasse, die von GULAG-Häftlingen angelegt wurde – die einzige Landverbindung zwischen der Lena und dem Stillen Ozean. Sie ist nur im Winter in ihrer ganzen Länge zu befahren, da sie durch Sümpfe und Flüsse ohne Brücken führt.

Am Fluss Aldan, dem größten Nebenfluss der Lena. Das Straßenschild «Chandyga – Magadan 1939» erinnert an den Beginn der Bauarbeiten für die Kolyma-Trasse in diesem Gebiet. Eine Brücke über den Aldan allerdings gibt es bis heute nicht.

Nach einer Woche auf der Kolyma-Trasse erreichen wir Ojmjakon, den «kältesten Punkt der Erde», wie sich das Dorf stolz nennt.

In der Ortsmitte von Ojmjakon befindet sich ein Denkmal mit dem schmiedeeisernen Schriftzug «Kältepol». Hier wurde mit minus 72 Grad die niedrigste Temperatur an einem bewohnten Ort der Erde gemessen. Als wir uns fotografieren ließen, war es vergleichsweise warm: minus 35 Grad.

Etwa vierhundert Menschen leben in Ojmjakon, ausschließlich Jakuten. Die Schulkinder, für die diese Schneemänner gebaut werden, bekommen kältefrei erst ab minus 55 Grad.

Ein altes Bauernpaar. Vor ein paar Wochen, erzählt der Mann, seien es noch 67 Grad unter null gewesen. Aber woanders zu leben, könne er sich nicht vorstellen. «Wir sind hier geboren, und der Mensch ist ein Kind der Natur. Er gewöhnt sich an alles. Mit der Natur darf man nicht streiten.»

Der Flughafen von Ojmjakon. Er wurde während des Zweiten Weltkriegs gebaut, um amerikanischen Transportmaschinen, die von Alaska Kriegsgerät und Lebensmittel nach Moskau brachten, das Auftanken zu ermöglichen. Bis vor wenigen Jahren flog AEROFLOT Ojmjakon regelmäßig an. Heute verfällt das Flughafengebäude.

«Airport-Klub Ojmjakon» ist auf diesem Schild zu lesen.

Ein Tankwagen auf dem Flughafengelände. Er hat ausgedient.

Unweit von Ojmjakon, eine Brücke über den Fluss Indigirka. Sie zu betreten ist offiziell verboten – Einsturzgefahr.

122 / 123

Abseits der Kolyma-Trasse, die Reste einer verlassenen Goldgräbersiedlung.

Eine der drei Frauen, die mit ihren Männern in dem Ort geblieben sind. Nach dem Ende der Sowjetunion wurde die Goldmine privatisiert, erzählt sie. Als später der Goldpreis auf dem Weltmarkt ins Bodenlose fiel, gaben die neuen Besitzer die Mine auf und «liquidierten» die Siedlung. «Wer nicht freiwillig ging, dem haben sie Wasser und Strom abgestellt.»

Auf dem Lenin-Plakat, das sich an einem zentral gelegenen Gebäude dieser einst viertausend Einwohner zählenden Siedlung findet, steht zu lesen: «Der Sieg des Kommunismus ist unausweichlich.»

Das Suntar-Chajat-Gebirge, dessen höchste Gipfel mehr als dreitausend Meter hochragen. Auch durch dieses Felsmassiv wurde die Kolyma-Trasse von GULAG-Häftlingen geschlagen, mit Spitzhacke und Schaufel – nicht selten bei Temperaturen von 50 Grad unter null und ohne Handschuhe. Zehntausende kamen dabei ums Leben, «Straße des Todes» wird die Trasse seither genannt.

Fahrt zum Oltschan-Pass. Die vereiste Kolyma-Trasse hat keinerlei Seitenbegrenzung. Vom Straßenrand geht es oft bis zu tausend Meter senkrecht in die Tiefe.

Mit einem Spezial-Lkw sind wir unterwegs zu einem verlassenen Bergwerk – und bleiben dennoch in der Taiga stecken. Eine fast tägliche Erfahrung. In der Holzkabine, die auf die Ladefläche des Lkw montiert ist, kann man notfalls auch bei minus 30 Grad übernachten.

Auch zu Fuß geht es nicht mehr weiter. Zum Trost ein Erinnerungsfoto, aufgenommen von unserem Producer Sascha Schukow, der uns schon in Ostpreußen und bei der «Ballade vom Baikalsee» begleitet hat. In der Mitte Toningenieur Andrej Teretschenko, der Jüngste in unserem Team.

Die Brücke über den Fluss Kolyma. Zu Sowjetzeiten galt sie als eines der am schärfsten bewachten strategischen Objekte Sibiriens. Allein im Bereich des Kolyma-Beckens gab es etwa hundertfünfzig Lager. Mehr als sechzig von ihnen waren Bergwerke, in denen Gold, Zinn, Wolfram, Kohle und Uran abgebaut wurde. Über die Kolyma-Trasse wurden die Bodenschätze zum Hafen von Magadan transportiert.

Das ehemalige Lager Butygytschag, einer der grausamsten Orte auf Kolyma. Hier mussten die Häftlinge Uranerz aus dem Boden holen – mit bloßen Händen. Wer die Lagerzeit überlebte, starb wenig später an den Strahlenschäden.

Reste einer Lagerbaracke. Überall im Gebiet von Kolyma finden sich Spuren der schrecklichen Vergangenheit.

Im Gespräch mit einem der letzten noch lebenden ehemaligen Lagerhäftlinge von Kolyma. Der achtzigjährige Wladimir Iwanowitsch, der heute in Magadan lebt, war als junger Soldat in deutsche Kriegsgefangenschaft geraten. Weil er diese – anders als die meisten Kameraden – überlebte, wurde er nach seiner Rückkehr von Stalin zur Zwangsarbeit nach Sibirien geschickt.

Die Orden des Wladimir Iwanowitsch, die ihm nach dem Tod Stalins und seiner Rehabilitierung verliehen wurden. Er trägt sie mit Stolz. «Ich habe sie bekommen für den Sieg im Krieg gegen Hitler-Deutschland, an dem ich teilgenommen habe.» Heute allerdings, sagt er, habe man in Russland die Veteranen des Kriegs und die Opfer des Stalin-Terrors vergessen.

Einer unserer beiden Kleinbusse auf der Kolyma-Trasse. Wir sind die dritte Woche unterwegs, bis Magadan sind es nur noch fünfhundert Kilometer.

Das Team bei der Rast im Kleinbus. Wir sind auf alles eingerichtet und können uns, wenn wir keine Siedlung finden, auch einige Tage von unseren eigenen Vorräten ernähren.

Dieser Lkw hatte Glück, dass die Kolyma-Trasse nicht gerade an einer Schlucht vorbeiführte. Und auch wir hatten Glück: Der mit schweren Betonteilen beladene Lastwagen, der uns schleudernd entgegenkam, rutschte nur knapp einen Meter vor unserer Windschutzscheibe von der spiegelglatten Straße.

Laut offizieller Statistik gilt die Kolyma-Trasse heute als die «gefährlichste Straße Russlands». Nirgendwo sonst verunglücken so viele Fahrzeuge, die meisten von ihnen Lkws. Personenwagen fahren hier kaum. Niemand, so heißt es in Sibirien, begibt sich freiwillig auf diesen Weg.

Die Stadt Magadan am Stillen Ozean, das Ziel unserer Winterreise durch Ostsibirien. Im Hintergrund die Bucht, in der einst die Häftlingsschiffe ankamen. Auch Magadan wurde von GULAG-Sträflingen gebaut. Und die meisten der rund hunderttausend Einwohner, die heute hier leben, sind Nachfahren von Häftlingen oder haben Familienangehörige in den Lagern Stalins verloren.

TEIL 3 **TSCHUKOTKA –
IM LAND DER ARKTISCHEN
WALJÄGER**

Nun sind wir also auf der Halbinsel Tschukotka im äußersten Nordosten Russlands. Hier endet Asien – Alaska ist nur achtzig Kilometer entfernt.

Tschukotka, das etwa doppelt so groß wie Deutschland ist und je zur Hälfte nördlich und südlich des Polarkreises liegt, gilt als die unwirtlichste Region Russlands. Wilde arktische Stürme, Temperaturen bis 60 Grad unter null, im ewigen Frost erstarrter Boden, karge, baumlose Tundra, raue, zerklüftete, steil ins Meer abfallende Fellandschaften und fast sechs Monate Dunkelheit im Jahr lassen Tschukotka geradezu als Inbegriff eines zivilisationsfeindlichen Lebensraumes erscheinen. Und dennoch, das sollten wir auf unserer Reise lernen, ist es alles andere als ein geschichts- und kulturloses Land, auch wenn viele seiner Bewohner heute keine Perspektive mehr für diese Riesenregion am äußersten Rand Russlands sehen.

In den vergangenen zehn Jahren sind über hunderttausend Menschen, zumeist Russen, aus Tschukotka weggezogen, mehr als die Hälfte der Bevölkerung. Geblieben sind gerade mal sechzigtausend Einwohner, darunter etwa zwölftausend Tschuktschen und knapp siebenhundert Eskimos. Die Russen, die noch immer die Mehrheit bilden, sind vor allem Militärangehörige, Lehrer, Verwaltungsangestellte und Facharbeiter, die einst das große Geld hergelockt hat. Laut Statistik ist Tschukotka heute der ärmste Teil Russlands, nirgendwo sonst ist das Pro-Kopf-Einkommen der Bevölkerung niedriger als hier. Tuberkulose und Alkoholismus gelten als Volkskrankheiten. Die durchschnittliche Lebenserwartung der einheimischen Männer beträgt nicht einmal vierzig Jahre.

Wie viele andere Regionen Russlands hat sich auch Tschukotka nach dem Zusammenbruch der Sowjetunion 1991 zum «autonomen Gebiet» erklärt. Sogar Russen dürfen nur mit einer besonderen

Genehmigung der örtlichen Verwaltung dorthin reisen – und mit Zustimmung des russischen Geheimdienstes sowie der russischen Grenztruppen, die trotz aller «Autonomie» nach wie vor das Sagen haben. Schließlich ist ganz Tschukotka «Grenzgebiet».

Noch schwieriger ist es für Ausländer und besonders für ausländische Journalisten, nach Tschukotka zu gelangen. Selbst wenn sie beim Moskauer Außenministerium als Korrespondenten akkreditiert sind und ein Dauervisum für alle Regionen Russlands haben, benötigen sie eine spezielle Einreisegenehmigung. Und Voraussetzung dafür wiederum ist eine Einladung des Gouverneurs von Tschukotka.

Fast zwei Wochen musste Sascha verhandeln, bis er alle notwendigen Genehmigungen, Papiere und Stempel beieinander hatte. Ein wichtiges Problem war damit allerdings noch lange nicht gelöst: Wie kommen wir überhaupt nach Tschukotka? Ursprünglich wollten wir mit einem Schiff von Magadan aus hinauf an die Küste der Beringstraße. Doch anders als zu Sowjetzeiten gibt es heute keine Reedereien mehr, die diese Strecke regelmäßig befahren. Nur gelegentlich verlässt in den Sommermonaten ein Versorgungsdampfer mit Kohle, Treibstoff oder Lebensmitteln den Hafen von Magadan Richtung Norden. Ein Fahrplan existiert nicht, und wann ein Schiff ablegen wird, kann niemand sagen.

Eine Flugverbindung von Magadan nach Tschukotka gibt es ebenso wenig wie eine Straße. Lediglich von Moskau aus startet dreimal in der Woche ein Flugzeug in die Hauptstadt des «autonomen Gebiets», Anadyr. Und dann ist man noch längst nicht oben an der Beringstraße. Der einzige Ort nämlich, der auf der russischen Seite der Meerenge liegt und einen Flughafen hat, die Garnison Lawrentija, wird von Anadyr aus nur einmal die Woche angeflogen, mit einer zweimotorigen, etwa fünfzig Jahre alten Propellermaschine – vorausgesetzt, sie ist nicht gerade wieder kaputt, es gibt Sprit und das Wetter ist gut.

Hat man aber tatsächlich Glück und lange genug gewartet und ist endlich im halb zerfallenen Lawrentija angekommen, wo von den einst viertausend Einwohnern in den letzten Jahren fast dreitausend weggezogen sind, ist hier erst einmal Endstation. Weiter nach Norden, nach Uelen etwa, dem letzten Dorf Russlands vor Alaska, besteht keine Verkehrsverbindung mehr. Zunächst einmal wollen wir jedoch nach Lorino, vierzig Kilometer westlich von Lawrentija, ein Dorf, in dem Tschuktschen und Eskimos, so haben wir gelesen, auf Waljagd gehen wie ihre Vorfahren seit Tausenden von Jahren. Dorthin bringt uns das einzige Postauto der Region, für das es sonst kaum etwas zu tun gibt. Briefe und Päckchen kommen nur noch selten nach Tschukotka.

Die Tschuktschen, darüber sind sich die Wissenschaftler heute weitgehend einig, kamen vor etwa fünftausend Jahren aus den südlicher und westlicher gelegenen Regionen Jakutiens an die Küste der Beringstraße, die Eskimos vor etwa dreitausend Jahren. Während diese und ein Teil der Tschuktschen ausschließlich entlang des Ufers siedelten und sich von der Meeresjagd ernährten, zog ein anderer Teil der Tschuktschen als Nomaden mit Rentieren durch das Hinterland. Bis heute sind die Tschuktschen als Volk gespalten in sesshafte Küstenbewohner und Tundra-Nomaden. Doch wichtige Elemente ihrer traditionellen Lebensweise haben sich bei allen erhalten.

Das Dorf Lorino gilt als Heimat der geschicktesten Waljäger Tschukotkas. Es liegt auf einem sandigen Steilufer hoch über der Bucht von Lawrentija. Etwa 1500 Menschen leben hier, die meisten in kleinen, von Wind und Wetter zerzausten Holzhäusern. Einige neuere Wohngebäude sind aus hellen Steinen gemauert, auch die zweigeschossige Schule, der solideste Bau im Dorf. Als es die Sowjetunion noch gab, war Lorino die reichste Kolchose Tschukotkas. Man unterhielt neben vier Fischer- und Meeresjägerbrigaden eine große Rentierherde, eine Pelztierfarm, betrieb Vieh- und Schweinezucht. Nach der Wende wurde die Kolchose privatisiert und machte irgendwann Pleite; heute wird sie als «staatliche Kooperative» weitergeführt. Die Pelzfarm wurde geschlossen, jedes zweite Rentier geschlachtet, die Schweine und Kühe wurden abgeschafft.

Die Menschen leben vom Fischfang, der Jagd auf Wale, Walrosse und Robben sowie dem Wild und den Pelztieren, die die Männer in der Tundra schießen. Und in den drei kurzen Sommermonaten sammeln die Frauen Kräuter. Dennoch, so erfahren wir, hat vor einigen Jahren im Winter in Lorino und anderen Dörfern Tschukotkas Hunger geherrscht; selbst Schlittenhunde wurden geschlachtet. Die staatlichen Lebensmittellieferungen waren ausgeblieben, und die Natur allein konnte die Menschen nicht mehr ernähren.

Am Morgen um 5 Uhr 30 machen die Männer am Strand von Lorino die Boote klar. Es sind kleine offene Aluminiumboote mit starken japanischen Außenbordmotoren – ein Geschenk des letzten Gouverneurs von Tschukotka, der auf diese Weise seine Wiederwahl sichern wollte. Am Abend zuvor ist unweit der Küste von Lorino eine gewaltige Herde Grauwale gesichtet worden. Mit großer Sorgfalt, geradezu andächtig, prüfen die Männer den Sitz des Harpunenkopfes auf den langen Holzschäften. Er ist nach dem gleichen Prinzip konstruiert wie bei den eiszeitlichen Waljägern Tschukotkas vor dreitausend Jahren. Wie Speerwerfer, die sich auf einen Wettkampf vorbereiten, machen die Männer immer wieder dieselbe, einen Wurf andeutende Handbewegung. Und sie prüfen die Leinen, die an den Harpunenköpfen befestigt sind. Ans Ende dieser Leinen werden große, leuchtend gelbe, rote oder weiße Plastikbojen geknüpft. Ein altes ungeschriebenes Gesetz der Eskimos und Tschuktschen nämlich besagt, dass Wale und Walrosse, bevor sie getötet werden, zunächst harpuniert und mit Bojen kenntlich gemacht werden müssen. Nur so lässt sich verhindern, dass das verletzte Tier abtaucht und möglicherweise qualvoll verendet oder das tote Tier sofort wie ein Stein auf den Grund des Meeres sinkt.

Ein letztes Mal wirft Aljoscha, der etwa fünfundvierzigjährige, dunkelhaarige Brigadier mit markanten mongolisch-indianischen Gesichtszügen, einen Blick in den verhangenen arktischen Morgenhimmel und auf das graue, nur leicht bewegte Meer. Dann heulen die mächtigen Motoren auf, und in voller Fahrt rasen die drei Boote vom Ufer aus fächerförmig auf die offene See. Andrej, unser Toningenieur, muss Maxim mit beiden Händen festhalten, damit er mit seiner schweren Kamera nicht über Bord geschleudert wird.

Nach fünfundzwanzig Minuten sichten wir den ersten Wal. Ein paar Kilometer südwestlich von uns steigt in regelmäßigen Abständen eine Fontäne aus dem Wasser. Das Boot, in dem Sascha und ich sitzen, erreicht die Stelle vor den anderen Meeresjägern. Unsere beiden Harpuniere stehen wurfbereit am Bug. Doch der Wal ist verschwunden. Nach einigen Augenblicken taucht seitlich von uns eine Schwanzflosse auf. Blitzschnell wendet Dima, der am Ruder steht, das Boot und jagt mit Höchstgeschwindigkeit auf das Tier zu. Nun ist auch der mächtige Rücken des Wals unter der Wasseroberfläche zu erkennen. Igor, einer der beiden Männer am Bug, schleudert mit gewaltiger Kraft die erste Harpune. Sie trifft. Dima reißt das Steuer herum und lenkt das Boot am Wal vorbei, möglichst weit weg, denn der verwundete Wal, schreit er uns zu, ist unberechenbar. Zumal es ein Grauwal ist, der als besonders aggressiv gilt und auf Boote wie Menschen gleichermaßen losgeht. Sollte er eines der Boote rammen oder mit einem Schlag der mächtigen Schwanzflosse umwerfen – nicht auszudenken. Im eisigen Wasser des Polarmeeres überlebt der Mensch keine zehn Minuten.

Nachdem die erste Harpune gesetzt ist, nähern sich die Boote immer wieder dem Wal, der nun wild um sich schlägt, sich aufbäumt, aber nicht abtaucht, weil ihm dies durch die Bojen, die an den Harpunenhaken hängen, nur zusätzliche Schmerzen bereiten würde. Mit höchster Konzentration schleudern die Männer ein ums andere Mal neue Harpunen, nach jedem Wurf drehen die Boote sofort wieder ab. Der Respekt vor dem riesigen Tier hält die Männer auf Distanz.

Nach etwa einer halben Stunde ertönt aus dem vordersten Boot der Ruf: «Er bewegt sich nicht mehr!» Dann tritt Stille ein. Wie auf Kommando schalten die Männer die Außenbordmotoren ab, legen sich die Boote leicht schaukelnd längsseits nebeneinander. Zusammengesunken, als wären sie versteinert, sitzen die Meeresjäger auf ihren Bänken, manche haben den Kopf in die Hände gestützt. Es ist, als hielten sie Totenwache.

«Unsere Vorfahren haben geglaubt», sagt Aljoscha, der seine schwarze Lederjacke aufgeknöpft und die Wollmütze aus der verschwitzen Stirn geschoben hat, «dass nicht wir die Wale erlegen, sondern sie sich selbst als Opfer darbringen, als Ernährer der Menschen. Denn die meisten Tiere flüchten nicht, wenn sie unsere Boote bemerken, sie scheinen eher neugierig auf uns zu warten. Wenn sie dann allerdings von den ersten Harpunen getroffen sind, versuchen sie zu fliehen oder greifen uns an. Aber das ist verständlich.»

Schon häufiger hat Aljoscha mit Gegnern der Waljagd diskutiert, die es auch in Russland gibt und die er auf Russisch «Grüne» nennt. Für ihn besteht kein Zweifel: «Der Wal ist nicht nur unsere Nahrung, unsere Existenzgrundlage. Er ist Teil unseres Lebens. Wir verehren ihn, feiern ihn mit Liedern und Tänzen. Die Waljagd gehört zu unserem Leben. Ein Leben ohne sie können wir uns gar nicht vorstellen.» Und geradezu wütend wird er, wenn das Gespräch auf die Internationale Walfangkommission kommt und die Versuche, die Waljagd generell zu ächten. «Wer sind denn diejenigen», sagt er, und seine schmalen Augen ziehen sich noch enger zusammen, «die sich anmaßen, uns die Waljagd zu verbieten? Wie kommen denn Länder dazu, die selbst keine Wale fangen, in denen noch nie Wale gejagt wurden, uns davon abzuhalten? Die Waljagd ist die Tradition, der unsere Vorfahren seit Jahrtausenden gefolgt sind. Wale gehören zu unserem Leben, die Waljagd ist Teil unserer Identität. Das können sie uns doch nicht nehmen!»

Es dauert einige Stunden, bis der erlegte Grauwal von einem winzigen, altersschwachen Kutter ans Ufer geschleppt ist. Dort hat sich schon die gesamte Dorfbevölkerung versammelt, mit Eimern, Plastiktüten und Rucksäcken bewaffnet, in den Händen lange Messer oder die traditionellen halbrunden Ulus der Eskimos. Männer, Frauen, selbst kleine Kinder schneiden sich aus dem Wal, der elf Meter lang ist und etwa zwanzig Tonnen wiegt, heraus, was und wie viel sie wollen oder tragen können. Niemand kontrolliert, niemand muss etwas bezahlen. Es herrscht eine ausgelassene Stimmung wie bei einem Volksfest. Nach etwa einer Stunde ist das Tier fast vollständig zerlegt.

Jedes Dorf entlang der Beringstraße, in Tschukotka wie auf Alaska, hat eine in internationalen Abkommen fixierte Quote für den Walfang. Die Meeresjäger von Lorino etwa dürfen in jedem Jahr einen der riesigen Grönlandwale und achtundvierzig Grauwale erlegen, ausschließlich für den Eigenbedarf. Weder der Verkauf von Walfleisch noch der Handel mit anderen Walprodukten wie Fett, Tran und Knochen ist erlaubt. Meine Frage, ob dies denn hier oben in der Arktis, weitab der Zivilisation, irgend jemand kontrollieren könne und ob er und seine Männer sich tatsächlich an die vorgegebenen Quoten halten, beantwortet Aljoscha mit einer Gegenfrage: «Glaubst du, dass wir unsere eigenen Ressourcen zerstören wollen?»

Die nächste Etappe unserer Reise soll ans «Ende der Welt» gehen. So nennen die Russen den winzigen, von Polarstürmen umtosten Ort Uelen am westlichen Ufer der Beringstraße. Drüben, am gegenüber liegenden Ufer, beginnt eine andere Welt, die Neue Welt, Amerika. Tschuktschen und Eskimos leben hier und eine Hand voll russischer Soldaten, die die verrottete Garnison von Uelen verteidigen sollen, falls der einstige imperialistische Feind doch einmal Appetit auf Sibirien bekommt.

Für uns, das haben wir uns fest vorgenommen, führt kein Weg an U-elen, wie der Name des Ortes ausgesprochen wird, vorbei. Es gibt indes keine Straße dorthin, keine Eisenbahn, keine Schiffsverbindung, keine Fluglinie. Im Winter ist das Dorf am bequemsten mit Rentierschlitten zu erreichen. Aber es ist Sommer und stürmisch und regnerisch. Die Tundra ist vollgesogen wie ein nasser Schwamm; selbst das geländegängige Kettenfahrzeug, das aussieht wie ein Schützenpanzer und mit dem wir uns quer durch die Tundra, durch Flussläufe und Sümpfe, über felsige Berghänge und weite, scharfkantige Geröllfelder kämpfen müssten, würde Gefahr laufen, stecken zu bleiben. Uns mit einem der kleinen offenen Fischerboote die Küste entlang und um Kap Deschnjow herum nach Uelen zu bringen, wagt keiner der Kapitäne – vom Polarmeer her, so ist angekündigt, soll es Eisgang geben. Der einzige seetaugliche Kutter, der sich durch sommerliches Treibeis kämpfen könnte, hat einen Motorschaden. Bleibt also nur der letzte Hubschrauber von Lawrentija, gebaut vor fast einem halben Jahrhundert.

Maxim, unserem Kameramann, ist nicht ganz wohl bei dem Gedanken an Uelen. Er war schon einmal dort, mit einer Filmcrew, die einen Spielfilm über das Leben der russischen Eskimos drehen wollte. Damals gab es noch drei Hubschrauber, die hin und wieder nach Uelen flogen. Mit einem von ihnen ist er abgestürzt, an den Verletzungen laboriert er bis heute.

Und einen weiteren Grund hat Maxim, uns vor Uelen zu warnen: Fast alle Männer dort sind Scharfschützen, Meeres- und Taigajäger. Sie jagen Wale, Walrosse und Robben, schießen Bären, Wölfe, Zobel und Nerze. Und laufen als Zeichen ihrer männlichen Würde den ganzen Tag mit dem Gewehr auf der Schulter durchs Dorf. Da für so manchen von ihnen schon das Frühstück mit Wodka beginnt und auch in Uelen niemand gern allein ist, werden Trinkgenossen zuweilen auf der Straße mit vorgehaltener Waffe rekrutiert. So jedenfalls hat es Maxim erlebt, für den auf diese Weise einst ein Arbeitstag vorzeitig endete.

Auch wir können in Uelen nicht unbehelligt arbeiten. Nicht nur, weil uns in der Dorfschule, in der wir Unterkunft gefunden haben, fast rund um die Uhr Männer und Frauen jeglichen Alters beehren, die leicht schwankend und mit schwerer Zunge kunstvolle Elfenbein-schnitzereien zum Tausch gegen – bei uns zu Unrecht vermutet – Wodka oder andere Spirituosen anbieten und wir beim Drehen auf der Straße oder am Strand gelegentlich mit nicht ganz friedfertigen Offerten zum Genuss von irgendwelchem Fusel animiert werden. Vielmehr gibt von Zeit zu Zeit der altersschwache Stromgenerator des Dorfes seinen Geist auf, so dass wir keine Möglichkeit haben, die Akkus unserer Kameras und Tongeräte aufzuladen.

Die von den Frauen und Männern angebotenen Schnitzereien haben uns jedoch neugierig gemacht: In Uelen soll es eine über die Grenzen Tschukotkas hinaus bekannte Elfenbeinwerkstatt geben. Also machen wir uns auf den Weg, die einzige Straße des Dorfes ent-lang, parallel zum Meer, Richtung Osten. Im Erdgeschoss eines gro-ßen hölzernen Häuserblocks, der sich von den anderen im Dorf durch hohe und breite Fenster unterscheidet, hat man uns gesagt, würden wir die Schnitzer finden. Aber fast alle Räume sind ver-schlossen. Nur in einem sitzen drei Frauen und ein Mann und polie-ren mit kleinen Bohrern Skulpturen aus Walrosselfenbein, meist nur wenige Zentimeter hoch.

Warum die vielen anderen Arbeitsplätze nicht besetzt sind, fragen wir eine der Frauen. «Weil Jagdsaison ist», antwortet sie, ohne von der Figur in ihren Händen aufzuschauen. «Sobald die Jagd losgeht, blei-ben die meisten Männer weg, egal, was gerade zu tun ist. Nur Onkel Wanja ist noch hier, der ist schon zu alt zum Jagen.»

Dann öffnet uns der Direktor das Museum im ersten Stock des Gebäudes, und wir verstummen, überwältigt von Faszination und Ehrfurcht. Vor unseren Augen entfaltet sich der gesamte Kosmos des Lebens, der Geschichte und Tradition der arktischen Völker links und rechts der Beringstraße – gesägt, geschnitzt, gemalt und geritzt in das Elfenbein von Walrosszähnen. Neben kleinen, fein ziselier-ten Skulpturen, die Wale, Walrosse, Robben, Fische, Bären, Wölfe, Polarfüchse, Elche, Rentiere, Schlittenhunde und Vögel aller Art zei-gen, auch unzählige Arbeiten, die dem Alltag und Familienleben der Tschuktschen und Eskimos gewidmet sind. «Eine Frau gerbt Rob-benfelle», «Ein Boot wird gebaut», «Der erste Schritt des Kindes». Und immer wieder Jagdszenen, fast alle aus einem einzigen Stück Elfenbein geschnitzt: Eskimos mit langen Lanzen auf Walrossjagd und mit Harpunen beim Erlegen eines Wals; ein Jäger, der nur mit einem Messer in der Hand gegen einen Bären kämpft; Männer bei der Jagd auf Robben und Schneegänse. Wie eine Ballettszene, getanzt von Figuren Ernst Barlachs, erscheint die Skulpturengruppe mit dem Titel «Landung der Meeresjäger im Sturm». Sie zeigt ein Boot mit Jägern und erlegten Seehunden, das von Dorfbewohnern aus tobender See an Land gezogen wird. Den archaischen Kampf des Menschen gegen die Natur spiegelt auch eine andere Szene wider: drei Eskimos in ihrem winzigen Kajak, gefangen im Packeis. Die Gesichter und die Körperhaltung der Männer lassen keinen Zweifel – eine Rettung gibt es nicht.

Schmuckstücke und Gebrauchsgegenstände aus Elfenbein haben auf Tschukotka eine uralte Tradition. Schon vor dreitausend Jahren, das haben Ausgrabungen in Ekven, nur wenige Kilometer von Uelen entfernt, gezeigt, gab es an der Küste der Beringstraße eine hoch entwickelte Eskimokultur. Die Funde von Ekven, das Archäologen als das «Troja der Arktis» bezeichnen, haben neben Hunderten von kunstvoll realistisch geschnitzten Tierfiguren – Robben, Wale, Fische, Vögel, Bären – auch phantastische, mehrköpfige Fabelwesen und mit Elfenbeinschnitzereien verzierte Eskimomesser, Beile, Schöpfkellen, Löffel, Schüsseln, Gürtelschnallen, Broschen und Armreife zutage gefördert. Dazu eine Fülle von Jagd- und Angelgeräten aus Elfenbein: Speerspitzen, Pfeile, Angelhaken und spezielle Harpunenköpfe, die so konstruiert sind, dass sie tief in den Tierkörper eindringen und sich in der Wunde um 90 Grad drehen. Die gleichen Harpunenköpfe, allerdings aus Eisen, hatten wir bei den Waljägern in Lorino gesehen.

Während wir im Museum von Uelen noch die kostbaren Zeugnisse der uralten Eskimokultur filmen und den Ausführungen des sichtbar stolzen Direktors über den Beginn der Zivilisation an der Beringstraße lauschen – «sie entstand zur gleichen Zeit wie die Pyramiden in Ägypten» –, erfahren wir, dass Fischer auf Eisschollen vor der Küste eine riesige Walrossherde gesichtet haben. Wir sind wie elektrisiert und wollen natürlich dabei sein, wenn sich die Männer des Dorfes auf die Jagd nach diesen Kolossen machen, deren Fleisch und Fett nicht nur zu ihren wichtigsten Nahrungsgrundlagen gehören, sondern deren mächtige Stoßzähne bis auf den heutigen Tag das Ausgangsmaterial ihrer ganz eigenen, originären und hoch entwickelten Kunstfertigkeit sind.

Doch das Wetter und die Garnison sind uns nicht hold. Ein erster Versuch, mit den Männern hinaus auf die Beringstraße zur Walrossjagd zu fahren, scheitert. Ein am Strand bei den Fischerbooten postierter blutjunger Soldat hat nämlich diensteifrig festgestellt, dass nicht alle, die zur Jagd wollen, die dafür nötige schriftliche Genehmigung des Garnisonskommandanten bei sich tragen: «Ich lasse niemanden aufs Meer», erklärt mit vollem Ernst und wichtiger Miene der Rekrut, der jeden im Dorf mit Namen kennt, «ich lasse niemanden aufs Meer, weil dies hier Grenzgebiet ist. Und ins Grenzgebiet darf man nur mit schriftlicher Genehmigung. Wenn man ohne schriftliche Genehmigung hinausfährt, könnte man ja abhauen, nach Alaska oder Amerika. Und das muss ich verhindern.»

Auch am nächsten Tag gelingt es uns nicht, die Walrossjäger in ihren winzigen, offenen Booten zu begleiten. Zwar haben diesmal alle ihre «schriftliche Genehmigung» dabei, aber der Wind hat über Nacht gedreht. Er kommt nicht mehr aus Süden, sondern aus Norden. Eine riesige Barriere aus Packeis versperrt den Weg aufs Meer. Wann sich das Wetter wieder ändern wird, weiß niemand. Hier am Polarmeer, sagen die Männer, kann es einen Tag dauern, eine Woche oder einen Monat. Sie laden uns ein zu einer Flasche Selbstgebranntem. Ganz friedfertig, ohne Gewehr.

Auf unserer Reise durch Tschukotka ist uns Alaska auf vielfältige Weise gegenwärtig. Nicht nur der junge Grenzsoldat mit seinen markigen Sätzen aus dem militärischen Politunterricht erinnert uns daran. Den Schriftzug «Alaska» lesen wir auf den Baseballkappen der Meeresjäger von Lorino, auf den Anoraks der Kinder in Uelen und auf weggeworfenen, leeren Konservendosen in Lawrentija. Selbst das Holz der Eskimotrommeln, so erzählt uns der Chef der einheimischen Tanzgruppe in Uelen, stammt aus amerikanischen Hilfslieferungen – auf Tschukotka wachsen keine Bäume. Und an einem strahlenden Sonnentag können wir bei einem Hubschrauberflug entlang der Küste Tschukotkas auf der anderen Seite der Beringstraße sogar schemenhaft das Ufer Alaskas erkennen.

Die Eskimos links und rechts der Beringstraße, das hatte man uns in Tschukotka immer wieder versichert, sind nicht nur stammesverwandt, sondern sprechen zum Teil dieselbe Sprache. Zur Zeit des Kalten Krieges ging der Eiserne Vorhang mitten durch die Beringstraße, durfte es offiziell keinerlei Kontakte zwischen den Menschen auf beiden Seiten der Meerenge geben. Eskimodörfer auf Tschukotka, aus denen junge Männer mit ihren Kajaks während des Zweiten Weltkriegs heimlich zu Verwandtenbesuchen nach Alaska gepaddelt waren, ließ Stalin dem Erdboden gleichmachen. Ihre Bewohner wurden zwangsumgesiedelt.

Nach Ende des Kalten Krieges und dem Zusammenbruch der Sowjetunion keimte Hoffnung auf. Die Beringstraße, die Tschukotka und Alaska trennt, sollte zu einer «Brücke zwischen den Kontinenten» werden, so wie vor zehntausend Jahren, als die heutige Meerenge noch eine Landbrücke war, über die Menschen von West nach Ost und Tiere aller Art in beide Richtungen zogen. Doch die Hoffnungen erfüllten sich nur zum Teil. Zwar gibt es inzwischen Visa-Erleichterungen für die einheimische Bevölkerung auf beiden Seiten der Beringstraße, reisen Eskimos und Tschuktschen zu Englischkursen und Konferenzen über Waljagd, Umweltschutz und arktische Kultur nach Alaska, bringen kleine amerikanische Privatflugzeuge gelegentlich humanitäre Hilfsgüter auf die russische Seite. Aber bis heute existiert weder eine reguläre Flugverbindung noch eine Schifffahrtslinie zwischen Tschukotka und Alaska. Selbst mit Booten der Einheimischen ist es unmöglich, von einem Ufer der Beringstraße ans andere überzusetzen. Die Patrouillen der amerikanischen und russischen Küstenwacht verstehen seit dem 11. September 2001 noch weniger Spaß als vorher.

Auf Tschukotka endet die Reise für mein Kamerateam aus St. Petersburg. Während ich durch glückliche Fügung ein amerikanisches Charterflugzeug erwische, das Hilfsgüter gebracht hat und mich auf dem Rückflug mit nach Alaska nimmt, müssen Maxim, Sascha und Andrej zurückbleiben. Für russische Kameraleute stellen die amerikanischen Behörden zurzeit keine Arbeitsvisa aus. In Alaska wird mich ein Filmteam aus Köln erwarten.

Die Siedlung Lorino an der Beringstraße. Zu Sowjetzeiten galt der Ort als einer der reichsten Tschukotkas. Etwa 1500 Menschen leben hier, ausschließlich Tschuktschen und Eskimos. Die Männer sind fast alle Meeresjäger und Fischer.

Möwen über der Pelztierfarm von Lorino. Früher wurden hier Polarfüchse, Nerze und Zobel gezüchtet. Heute stehen die Käfige leer, die Farm, einst Teil einer Kolchose, hat Pleite gemacht.

Tundralandschaft bei Lorino. Auch im Sommer bleiben Schneereste liegen. Die Tundrakräuter sind traditionelle Heilmittel und unverzichtbare Nahrung der einheimischen Bevölkerung.

Eines unserer täglichen Probleme: die Kleidung. Obwohl wir in der Nähe des Polarkreises sind, kann es im Juli, an den wenigen arktischen Sonnentagen, bis zu 33 Grad warm werden. Aber oft schlägt das Wetter binnen weniger Minuten um – und nachts ist mit Frost zu rechnen.

Ein Geländefahrzeug auf Ketten – die zivile Ausführung eines Schützenpanzers. Es ist das einzige motorisierte Transportmittel, mit dem man im Sommer durch die Tundra kommt.

Eisschollen in einer Bucht bei Lorino. Sie werden auch bis Ende des Sommers nicht völlig verschwinden.

Meeresjäger von Lorino auf Waljagd. Die Harpunen werden mit den Händen geschleudert. Am Ende der Harpunenleinen sind Bojen befestigt, die verhindern sollen, dass der verwundete Wal abtaucht oder das getötete Tier auf den Grund des Meeres sinkt. Zugleich wird so der Fluchtweg des Wals markiert.

Immer wieder lassen Männer bei der Jagd ihr Leben. Mit einem einzigen Schlag der Schwanzflosse kann der Wal das Boot zum Kentern bringen – im eisigen Wasser des Polarmeeres überlebt der Mensch nur wenige Minuten.

Seit einiger Zeit haben die Meeresjäger von Lorino auch Boote mit modernen Außenbordmotoren, Wahlgeschenke des Gouverneurs von Tschukotka.

Aljoscha, der Brigadier der Meeresjäger von Lorino. «Die Waljagd», sagt er, «ist unsere Tradition seit Jahrtausenden. Wale gehören zu unserem Leben, die Waljagd ist Teil unserer Identität. Das können sie uns doch nicht nehmen!»

Junger Waljäger nach der Jagd. Das Gesicht ist noch von Anspannung gezeichnet.

Der erlegte Wal wird am Boot festgemacht. Später wird er von dem kleinen Kutter im Hintergrund an Land geschleppt. Es dauert oft viele Stunden.

Am Abend, der Wal ist an Land. Sofort wird er von der Dorfbevölkerung zerlegt. Jeder darf sich nehmen, was und wie viel er will. Das Walfleisch ist das wichtigste Grundnahrungsmittel der Menschen hier an der Beringstraße.

Der Kopf eines toten Grauwals. Es ist ein älteres Tier, der Kiefer vollständig mit Muscheln bewachsen. Auch Maxim, der schon zwei Filme auf Tschukotka gedreht hat, sieht ein derart imposantes Exemplar zum ersten Mal.

Jeder erlegte Wal ist ein Fest für das Dorf. Selbst Kinder schneiden sich Fleischstücke heraus, die sie sofort essen. Dieses Tier ist elf Meter lang und wiegt etwa zwanzig Tonnen.

Der Wal wird vollkommen verwertet – die Fettstücke, die hier zu sehen sind, dienen als Futter für die Schlittenhunde. Jedes Dorf an der Beringstraße darf pro Jahr eine international festgelegte Zahl von Walen erlegen, ausschließlich für den Eigenbedarf. Der Verkauf von Walfleisch und anderen Walprodukten ist verboten.

Lawrentija, einst eine wichtige Garnisonsstadt und ein strategisch bedeutender Hafen an der Beringstraße. In der Spätzeit der Sowjetunion lebten hier rund viertausend Menschen. Heute beträgt die Zahl der Einwohner nicht einmal mehr tausend, der Hafen ist stillgelegt, die Häuser verfallen.

Mitten in der Küstenlandschaft – eine ehemalige Kultstätte der Eskimos und Tschuktschen, errichtet aus Schädeln, Kieferknochen und Rückenwirbeln von Grönlandwalen. Eskimos und Tschuktschen verehren den Wal als ihren Ernährer und sogar Urahn.

Walknochen aus prähistorischer Zeit. An dieser Stelle unweit des Ortes Ekven haben Archäologen Reste einer Eskimosiedlung gefunden, die mindestens dreitausend Jahre alt ist. Aus Walrosszähnen geschnitzte Tier- und Menschenfiguren, Jagdwaffen, Haushaltsgegenstände und Schmuckstücke aller Art zeugen von einer hoch entwickelten frühzeitlichen Eskimokultur und lassen Wissenschaftler von einem «Troja der Arktis» sprechen.

Der genaue Sinn der vier Meter hohen Kieferknochen, die senkrecht in den Tundraboden gesetzt und geometrisch ausgerichtet wurden, ist den Wissenschaftlern bis heute unbekannt. Auf jeden Fall aber handelt es sich bei dieser «Wal-Allee» um einen Ort mystischer Verehrung der Meeresgötter.

174 / 175

Küstenlandschaft bei Intschun, einem Eskimodorf an der Nordküste Tschukotkas.

Felsgebilde bei Intschun – für die Einheimischen der Sitz guter wie böser Geister.

Walrossliegeplatz am Ufer der Beringstraße. Das Fleisch der Walrosse gehört – wie das der Wale – zu den Grundnahrungsmitteln der Küstenbewohner von Tschukotka. Aus der Haut werden Boote gefertigt, die Stoßzähne der Tiere liefern das Rohmaterial für die Elfenbeinschnitzerei.

Rentierherde im Landesinneren Tschukotkas. Im Gegensatz zu den sesshaften Meeresjägern zieht ein anderer Teil der Tschuktschen als Nomaden mit Rentierherden durch die Tundra.

Uelen, das letzte Dorf Russlands vor Amerika, nur achtzig Kilometer von Alaska entfernt. Es liegt auf einer schmalen Landzunge zwischen dem Nördlichen Polarmeer und einer Süßwasserlagune. In der Sprache der Tschuktschen heißt der Ort Pokytkyn, «Ende der Welt».

Die Dorfstraße. Seit dem Zusammenbruch der Sowjetunion ist fast die Hälfte der Bevölkerung fortgezogen. Die Subventionen aus Moskau bleiben aus, die Versorgungsschiffe ebenfalls. Arbeitslosigkeit und Alkoholismus sind die größten Probleme.

Der einzige noch betriebsbereite Fischkutter von Uelen. Doch auch für ihn wird es bald keine Ersatzteile mehr geben.

Schulkinder, ein buntes Völkergemisch in Uelen – Eskimos, Tschuktschen, Korjaken und Russen. Sie haben keine Schwierigkeiten miteinander. Die meisten der russischen Familien allerdings versuchen fortzuziehen, aus wirtschaftlichen Gründen.

Elfenbeinschnitzer in Uelen. Mindestens dreitausend Jahre alt ist diese Kunst der Eskimos und Tschuktschen. Doch heute gibt es in Russland kaum noch Abnehmer für ihre Kostbarkeiten. Und der Export ins Ausland ist international streng reglementiert.

Die Tanz- und Gesangsgruppe der Eskimos und Tschuktschen in Uelen. Nur noch einige der Älteren kennen die Sprache ihres Volkes, die jüngeren Generationen sprechen Russisch.

Felsige Steilküste in der Nähe von Uelen. Nur selten hat man einen so klaren Blick über Tschukotka. Fast neun Monate im Jahr herrscht hier arktischer Winter, sechs Monate erhebt sich die Sonne kaum über den Horizont.

Vulkanische Fjordlandschaft an der Südostküste Tschukotkas – ein archaisches, nahezu unberührtes Naturparadies.

Die einstige Eskimosiedlung Naukan. Zur Stalinzeit wurden die Bewohner zwangsumgesiedelt. Sie hatten – mit ihren kleinen Booten – Kontakte zu ihren Stammesverwandten auf der anderen Seite der Beringstraße, in Amerika, unterhalten. Die Siedlung wurde zerstört.

Der Leuchtturm auf Kap Deschnjow, dem östlichsten Punkt Sibiriens. Im Hintergrund die Diomede-Inseln, die kleinere gehört bereits zu Alaska. Das Kreuz erinnert an den Kosakenhauptmann Semjon Deschnjow, der schon 1648, achtzig Jahre vor Vitus Bering, die Meerenge zwischen Russland und Amerika entdeckt hatte, dann aber in Vergessenheit geriet.

TEIL 4 **ALASKA –**
ESKIMOS UND INDIANER
AM RAND DER WELT

Der Flug über die Beringstraße ist kurz und ruhig. Nicht einmal anderthalb Stunden dauert es, von der Alten in die Neue Welt zu kommen. Vom Meer ist bis vor der Landung in Nome nichts zu sehen, es liegt unter einer dichten Wolkendecke verborgen.

Die alte Goldgräberstadt Nome an der Westküste Alaskas war einst die größte und, wie es heißt, wildeste Stadt Amerikas nördlich von San Francisco. Mehr als dreißigtausend Menschen strömten hier zusammen auf der Suche nach dem ebenso begehrten wie verfluchten Edelmetall. Doch das ist über hundert Jahre her. Heute ist der Goldrausch vorbei und Nome ein verschlafenes Provinznest, Verwaltungszentrum für ein Dutzend umliegende Eskimodörfer mit gerade mal 3500 Einwohnern.

Der Weg von Nome in das achtzig Meilen nordwestlich am Ufer der Beringstraße gelegene Eskimodorf Teller führt über eine gut ausgebaute und gepflegte Schotterpiste, wie sie in ganz Sibirien nicht zu finden ist. Auf der einen Seite sehen wir zuweilen das grau schimmernde Meer und auf der anderen bizarr zerklüftete, noch mit Schneefeldern bedeckte Berge. Von Zeit zu Zeit tauchen verlassene Goldgräbersiedlungen auf und die Reste verrosteter Bagger. Statt Goldsuchern begegnen wir frei laufenden Moschusochsen, zotteligen, urzeitlichen Tieren, die einst über die Beringlandbrücke von Sibirien nach Alaska kamen.

Wie alle Nachfahren der Urbevölkerung Alaskas, Natives genannt, haben die Eskimos von Teller das Recht auf «subsistence» – ein Begriff, der sich im Deutschen mit «Subsistenzwirtschaft» nur unzureichend wiedergeben lässt. «Subsistence» bedeutet für die Natives die gesetzlich garantierte Möglichkeit, das, was sie zum unmittelbaren Lebensunterhalt, also zur Ernährung, für sich und ihre Familien benötigen, durch Jagen und Fischen aus der Natur zu holen. Am

Strand sind überall kleine Netze ausgelegt; an Fischracks, bis zu zwei Meter hohen hölzernen Gestellen, baumeln frisch gefangene blutrote Lachse. Manche von ihnen messen fast einen halben Meter.

Die Holzhäuschen entlang der Uferstraße machen einen heruntergekommenen Eindruck. Vielfach sind sie notdürftig mit Brettern, Pappe oder Wellblech geflickt. Zwischen einigen sind Wäscheleinen gespannt, an denen ebenfalls Lachse in der Sonne trocknen. Neben den kleinen Wohnhütten stapelt sich Müll: Autowracks, auseinander genommene Schneemobile, ausrangierte Fernsehgeräte, Bettgestelle, alte Matratzen, Knochen von Karibus und Walen.

Es ist Sonntagnachmittag. Der Ort, in dem etwa zweihundert Menschen leben, fast ausschließlich Eskimos vom Stamm der Inupiat, wirkt wie ausgestorben. Außer einer jungen Frau, die unter einem Fischrack Lachse ausnimmt, sowie einem offensichtlich betrunkenen Mann, der laut fluchend versucht, den Außenbordmotor seines Bootes in Gang zu setzen, sind nur ein paar Halbwüchsige unterwegs: Mit Motorschlitten auf Rädern, 4-Wheelers, liefern sie sich waghalsige Duelle und wirbeln dabei Staub auf wie eine Herde Mustangs im Wilden Westen. In der Tür einer kleinen Hütte, an der ein handgemaltes Schild «Shop» hängt, lehnt ein jüngerer blonder Mann in kurzen Khakihosen. Es ist der Bürgermeister von Teller, der gleichzeitig den Dorfladen betreibt. Nein, meint er auf unsere Frage, auch wochentags seien nicht mehr Leute auf der Straße. Die meisten ließen sich nur einmal im Monat blicken – wenn sie, wie fast alle im Dorf, ihre Sozialhilfe im Post-Office abholen. «Die Leute sind um diese Jahreszeit entweder beim Fischen oder sie sitzen zu Hause, kiffen und saufen.» Da nütze es nichts, dass Teller, wie die meisten Eskimosiedlungen in Alaska, ein «trockenes Dorf» ist, ein Dorf, in das kein Alkohol gebracht werden darf und wo dessen Verkauf streng verboten ist – besitzen nämlich darf man ihn. Und wer solle kontrollieren, was die Leute von anderswo mitbringen? «Ganz abgesehen davon», setzt der Bürgermeister hinzu, «dass es im Dorf ohnehin kaum Arbeitsplätze gibt, den meisten Einheimischen, zumindest den Männern, genügt es, wenn sie fischen und jagen können. Mehr wollen sie nicht.»

Der Stolz des Dorfes sind dreißig Schlittenhunde, die auf einem eingezäunten, sandigen Areal vor einem niedrigen Holzhäuschen herumtoben. Sie gehören Joe Garnie, dem bekanntesten Hundeführer unter den Einheimischen in Alaska, Gewinner vieler Preise und Pokale. Er ist in Teller geboren, schon sein Vater und Großvater waren Schlittenhundeführer. Er lebt von der Huskyzucht, vom Fischen und Jagen, seine Frau arbeitet auf der Krankenstation des Dorfes. Eine Zeit lang war Joe Garnie Sprecher der Native-Kooperative in Teller, einer Art Eskimo-Selbstverwaltung. Schlittenhunderennen fährt der knapp Fünfzigjährige heute nicht mehr. Sie sind, sagt er, eine «High-Tech-Industrie» geworden mit Spezialnahrung für die Hunde, Rennmaschinen als Schlitten, einem Heer von Veterinären, Helfern, Beratern und mächtigen Firmen als Sponsoren. «Dafür musst du ein Vollprofi sein, der den ganzen Tag nichts anderes tut, als mit den Hunden zu trainieren. Wie sollen wir Eingeborenen, wir Eskimos und Indianer, das denn machen? Unser Lebensstil ist ein ganz anderer. Wir sind arm, brauchen die Hunde zum Arbeiten und müssen das Futter selbst besorgen. Da haben wir doch keine Chance.»

Das größte Problem der Eskimos in Alaska sei, so Joe Garnie, der Verlust ihrer Identität. «Wir ernähren uns heute anders, wir kleiden uns anders, wir sind ein Volk geworden, das nicht einmal mehr seine eigene Sprache kennt. Wir Eskimos in der Arktis sprechen eine fremde Sprache, Englisch. Wir wissen nur noch wenig über uns selbst, haben als Volk kein Gedächtnis mehr. Wir versuchen uns in der Welt des weißen Mannes zurechtzufinden, aber es ist wie ein Puzzle, das nicht aufgeht. Wir sind kaputtgemacht worden. Deswegen auch die vielen sozialen Probleme. Wir haben in Teller die höchste Selbstmordrate – nicht nur innerhalb unseres eigenen Volkes, sondern in den gesamten USA.»

In der Hütte Joe Garnies hängt ein großes Foto an der Wand. Es zeigt seine Schwägerin mit einem Akademikerhut, die erste High-School-Absolventin seiner Familie. «Die junge Generation», sagt er und schaut auf das Bild, «ist unsere Hoffnung. Aber zunächst müssen wir aufhören, vor uns hinzustolpern und zu fallen. Wir müssen uns wieder aufrichten und uns darüber klar werden, wo wir eigentlich stehen. Wir müssen einfach.»

Heute leben etwa vierzigtausend Eskimos in Alaska. Die meisten wohnen in kleinen, weit verstreuten Dörfern entlang der Küste sowie an einigen Flüssen im Landesinneren. Nur wenige haben sich auf Dauer in größeren Orten wie Nome oder Anchorage niedergelassen. Der Begriff «Eskimo», der in Grönland und Kanada als Schimpfwort gilt, wird von den Ureinwohnern an den Küsten Alaskas und Tschukotkas keineswegs als Beleidigung empfunden. Vielmehr nennen sie sich selbst so – in trotzigem Stolz und bewusster Abgrenzung von Indianern und Tschuktschen.

Von Teller führt uns die Reise hoch in den Norden Alaskas, in die wilde Gebirgswelt der Brooks Range. Dort sind wir auf einem Hochplateau über dem Kugururok River mit Archäologen verabredet. Zunächst geht es von Nome mit einem kleinen Linienflugzeug zu einer Eskimosiedlung unmittelbar am Polarkreis. Sie trägt den Namen eines Deutschen: Kotzebue. Im Auftrag des russischen Zaren hatte der deutsche Kapitän Otto von Kotzebue 1818 die Westküste Alaskas erforscht und kartographisch vermessen. An seiner Expedition nahm auch der Dichter der deutschen Romantik Adelbert von Chamisso teil – als Botaniker.

Der etwa dreitausend Einwohner zählende Ort Kotzebue gilt als letzter Außenposten der Zivilisation vor der Wildnis des Hohen Nordens – und als das Zentrum der Buschfliegerei in Westalaska. Von hier aus geht es nur noch mit winzigen einmotorigen Maschinen weiter und mit Piloten, die als die waghalsigsten der Welt gelten. Sie landen auf Seen und Flüssen, Waldlichtungen und Wiesen, Schotterstraßen und Sandwegen, auf Rentiermoos in der Tundra, Gletschern im Hochgebirge und Eisschollen im Polarmeer. Einer von ihnen ist Erik, achtundzwanzig Jahre alt. Er soll uns mit seiner viersitzigen Cessna in die Brooks Range zu den Archäologen bringen.

Vor dem Start zeigt uns Erik vorschriftsmäßig den Feuerlöscher, den Notfunk und die Schwimmwesten, die allerdings irgendwo hinten unter unseren Zelten, Schlafsäcken und der Kameraausrüstung vergraben sind. Und dann fragt er noch, ob jeder ein scharfes Messer dabei habe, um sich bei einer Bruchlandung notfalls aus den Sicherheitsgurten schneiden zu können.

Der Flug geht in geringer Höhe über eine karge, baumlose Landschaft, durchzogen von einer Unzahl größerer und kleinerer Flussläufe, von denen die meisten ausgetrocknet sind. Je weiter wir nach Norden kommen, umso gebirgiger wird es. Kahle, schroffe Felshänge, deren Gipfel mit Schnee bedeckt, an einigen Stellen auch von Wolken und Nebel verhüllt sind. Zuweilen reichen die Nebelbänke fast bis ins Tal. Doch Erik, der weder Blindfluggeräte nach Radar hat, fliegt einfach hindurch. Auffallend häufig biegt er links und rechts in Seitentäler ab, wobei er so nah an den Berghängen entlangkurvt, dass man sie fast mit den Händen berühren kann.

Erik, so stellt sich heraus, ist noch nie am Kugururok River gewesen; und wo das Camp liegt, weiß er auch nicht genau. Nach anderthalb Stunden entdecken wir am Ende eines kleinen, mit Büschen und Tundragras bewachsenen Tales ein paar gelbe und weiße Punkte. Das müssen die Zelte der Archäologen sein.

Das Camp ist von einem Elektrozaun umgeben, denn die Gegend hier oben, das sahen wir schon vom Flugzeug aus, wimmelt von Braunbären, Grizzlys. Aufgeschreckt durch den Lärm der Cessna hoppelten sie wie niedliche dicke Plüschhasen durch das dichte Gestrüpp aus wilden Brombeersträuchern. Niedlich, sagt Bob Gal, sind sie aber nur aus sicherer Entfernung, und er ermahnt uns eindringlich, das Camp nie ohne einen Begleiter mit Gewehr zu verlassen.

Bob Gal ist der Chefarchäologe der amerikanischen Nationalparkverwaltung in Anchorage. Zusammen mit Wissenschaftlern aus Seattle, Washington und New York sowie einem russischen Kollegen aus Magadan sucht er nach Spuren prähistorischer Steinzeitjäger, die hier, wie er vermutet, den großen Karibuherden bei ihrer jährlichen Wanderung von Norden nach Süden aufgelauert haben. Wie er darauf komme, fragen wir ihn, dass einige der wenigen Steinzeitjäger vor Tausenden von Jahren ausgerechnet in diesem Tal gewesen sind? Bob Gal lacht. «Ganz einfach. Wir mussten nur die Pfade finden, auf denen die Karibus auch heute noch ziehen. Und uns dann anschauen, welche Stellen für die Eiszeitjäger die günstigsten waren, um die Tiere mit Pfeilen und Speeren zu erlegen oder in Fallen zu fangen. Und ein solcher Platz ist zweifellos dieses enge Tal des Kugururok. Hier muss ein eiszeitliches Jägerlager gewesen sein.»

Auf einem spärlich mit hartem Tundragras bewachsenen Plateau unweit des Flusses sind fünfzehn Felder schachbrettartig abgesteckt, wobei jedes genau einen Meter im Quadrat misst. In einigen von ihnen knien oder hocken Männer und Frauen in dicken Anoraks und warmen Mützen und kratzen vorsichtig mit kleinen Löffeln, Messern oder Pinzetten in der Erde. Neben ihnen im Gras liegt ein Karabiner. Von Zeit zu Zeit ziehen sie einen Pinsel aus der Tasche, um irgendetwas zu säubern. Wir werden Zeugen, wie einer der Männer einen dunkel glänzenden Stein mit seitlichen Einkerbungen freilegt, in die genau vier Finger passen. «Ein vorbildlich gearbeiteter Faustkeil», stellt Sergej Slobodin fest, der Archäologe aus Magadan. Bob Gal, der hinzukommt, bestätigt Slobodins Befund. Das Alter des Steins schätzen beide Wissenschaftler auf etwa 10 500 Jahre. Insgesamt haben sie in drei Wochen schon, wie Bob Gal formuliert, «einhundertfünfzig archäologisch aussagekräftige Artefakte» hier am Kugururok River entdeckt – Faustkeile, Speerspitzen, Pfeile, doppelseitig bearbeitete Klingen und Schaber aus Stein.

Sergej Slobodin hat jahrelang Ausgrabungen an den großen Flüssen Sibiriens, der Lena, der Indigirka, der Kolyma, geleitet und darüber seine Habilitation geschrieben. «Die Artefakte, die wir in Sibirien gefunden haben, gleichen denen hier in Alaska wie ein Ei dem anderen. Die gleichen Speerspitzen, die gleichen beidseitig bearbeiteten Klingen, die gleiche Technik.» Für Sergej Slobodin besteht nicht der geringste Zweifel: «Die paläoarktische Tradition in Sibirien und Alaska ist dieselbe.» Die Funde in Sibirien sind weit älter als die in Alaska, und dies kann, so Sergej Slobodin, nur bedeuten, dass sich die Kultur der eiszeitlichen Wanderjäger von West nach Ost ausgebreitet hat. Bob Gal stimmt nachdrücklich zu: «Alle Forschungen deuten darauf hin, dass Alaska von Sibirien aus bevölkert wurde.» Einig sind sich die beiden Wissenschaftler auch, auf welchem Weg die ersten Menschen von Sibirien nach Alaska kamen: über die Beringlandbrücke.

Eine ganz andere Frage, so Bob Gal, sei, wann das geschehen ist. Manches spreche dafür, dass es mehrere Einwanderungswellen gegeben habe. «Eine vor etwa zwölftausend Jahren, die sich dann, wie viele Forscher vermuten, fortsetzte bis Mexiko und vielleicht sogar hinunter bis Feuerland. Eine zweite vor ungefähr sechstausend Jahren, das waren die Vorfahren der heutigen Indianer in Alaska, also der Athabascen, Tlingit und Haida sowie der mit ihnen verwandten Apachen und Navajos im Südwesten der USA. Und vor rund viertausend Jahren kamen die Eskimos, von denen ein Teil an der Beringstraße blieb und ein anderer weiterzog bis Kanada und Grönland.» Nicht auszuschließen aber ist, so Bob Gal, dass es viel früher bereits Einwanderungswellen gab, irgendwann zwischen 30 000 und 10 000 Jahren vor unserer Zeitrechnung. «Doch dafür fehlen noch immer die letzten Beweise.»

Im Kugururok-Tal sehen wir in der Nacht vom Camp aus, wie eine riesige Karibuherde von mehreren tausend Tieren durch das fast ausgetrocknete Flussbett nach Süden zieht. Das wie Kastagnetten klingende vielstimmige Klackern, das von der Herde herüberdringt, stammt nicht von den Hufen der Tiere, sondern von ihren Gelenken. Auch das lernen wir von den Archäologen in der Brooks Range.

Für einige Indianerstämme im Norden Alaskas sind die Karibuherden nach wie vor die wichtigste Existenzgrundlage. Doch sie wird bedroht durch die immer rücksichtslosere Ausbeutung der Erdölvorkommen sowie die Pipelines, die quer durch die traditionellen Wandergebiete der Tiere führen. Die indianischen Karibujäger gehören zum Volk der Athabascen, die als Waldindianer vor allem in den zentralen Regionen Alaskas leben. Ihre Lebensbedingungen sind weitaus härter als die der Küstenbewohner, denn das Landesinnere ist aufgrund seines Kontinentalklimas noch kälter und unwirtlicher als die Eismeerküste.

Die Zahl der Athabascen in Alaska wird heute auf etwa vierzehntausend geschätzt. Sie sind, zusammen mit den Tlingit an der Südostküste, die älteste Volksgruppe in dieser Region. Einige ihrer Vorfahren sind schon vor Jahrhunderten sesshaft geworden, besonders im Gebiet um Anchorage mit seinen vielen Flüssen, mächtigen Fjorden und ausgedehnten Wäldern. Der Fischreichtum und der große Wildbestand ließen hier bereits um 1650 erste Indianersiedlungen entstehen. Eine von ihnen ist Eklutna, rund fünfzig Kilometer nordöstlich von Anchorage, das nächste Ziel unserer Reise. Hier leben in einem knappen Dutzend kleiner Holzhäuser, versteckt in einem Kiefernwald, in dem dichtes Unterholz wuchert, etwa sechzig Menschen, ausschließlich Angehörige des Athabascen-Volkes. Fast alle sind arbeitslos. «Entweder sind sie so schlecht ausgebildet, dass sie keinen Job bekommen», erzählt der Chief, der Häuptling, «oder sie wollen nicht arbeiten.» Jedenfalls nicht in den Strukturen der Weißen, wo sie sich immer als «underdogs» fühlen. Und sie mögen keine Touristen.

Der historische Friedhof von Eklutna, ein wenig abseits des Dorfes gelegen, gilt als einzigartiges Zeugnis der Kolonialgeschichte und der Verschmelzung zweier Kulturen im äußersten Norden Amerikas. Auf mehr als hundert Grabhügeln erheben sich kleine, bunt bemalte

Holzhäuschen, die aussehen wie Kindersärge oder Bauten aus einer Puppenstube. Es sind «spirit houses», in die, so glauben die Athabascen, die Seelen der Verstorbenen nach dem Tod Einzug halten. Vor jedem dieser indianischen Seelenhäuschen steht ein russisch-orthodoxes Kreuz.

Den Eingang des Friedhofs säumen zwei Kapellen aus Holz mit zwiebelförmigen Kuppeln. Die kleinere, aus dunklen Balken roh zusammengefügt, wurde um 1840 errichtet, als die ersten russischen Missionare im Gebiet von Anchorage erschienen. Die in strahlendem Weiß gestrichene größere Gebetskapelle wurde 1962 fertig gestellt. In ihr werden regelmäßig russisch-orthodoxe Gottesdienste in englischer Sprache abgehalten – von einem Priester, in dessen Adern, wie er sagt, das Blut von Russen, Aleuten, Athabascen und sogar Schweden fließt. Auf dem Friedhof werden noch heute nach russisch-orthodoxem Ritus die Toten von Eklutna in Gräbern mit indianischen Seelenhäuschen bestattet. Auf die Frage, an welchen Gott sie denn nun glaube, an den indianischen oder den christlichen, antwortet uns eine alte Athabascen-Frau, die vor einem der Gräber steht, lächelnd: «An beide.»

Anders als im übrigen Teil der USA leben die Indianer Alaskas nicht in Reservaten. Gleichsam als Entschädigung für jahrhundertelanges Unrecht, die Ausbeutung der Bodenschätze und die Zerstörung ihrer natürlichen Lebensräume erhielten sie 1971 vom Amerikanischen Kongress einen nicht unerheblichen Landbesitz zugesprochen. Fast zwölf Prozent des Territoriums von Alaska gehören mittlerweile regionalen Gesellschaften der Ureinwohner. Doch das Grundproblem der meisten Indianer und Eskimos in Alaska, erklärt der Chief von Eklutna, sei nicht finanzieller Natur. Es sei vielmehr der grundsätzliche «Konflikt der Lebensweisen», der das Verhältnis zwischen den Natives und den weißen Amerikanern noch immer belaste. Dabei gehe der Riss, so der Chief, durch seinen eigenen Stamm. «Die einen sind stolz auf ihre Kultur und möchten so viel wie möglich davon bewahren. Die anderen wären am liebsten voll integriert in die Gesellschaft der Weißen. Das passt nicht zusammen. Am besten wäre, wenn man uns einfach in Ruhe ließe.»

Die letzte Schlacht zwischen Weißen und Indianern wurde in Alaska 1804 in der Nähe von Sitka geschlagen – eine Schlacht zwischen

Küstenindianern vom Stamm der Tlingit und den russischen Erobe-
rern, die die Gier nach Pelzen, Gold und Silber in die Neue Welt ge-
lockt hatte. Anschließend wurde Alaska für mehr als sechzig Jahre
russische Kolonie. Sitka erhielt den Namen «Neu-Archangelsk» und
galt als Hauptstadt von Russisch-Amerika. Inzwischen heißt der in
einer malerischen Fjordlandschaft an der Südostküste Alaskas gelegene Ort längst wieder Sitka und wird in Reiseführern als «eine der
schönsten kleineren Städte Nordamerikas» bezeichnet. Dank des
warmen Alaskastroms ist das Klima relativ mild. Die Berghänge entlang der Küste bei Sitka sind bedeckt vom größten außertropischen
Regenwald der Erde.

Die Reise hierher geht mit dem Schiff durch die legendäre Inside-
Passage, einen alten indianischen Handelsweg, gesäumt von atem-
beraubenden Gletscherlandschaften und tiefen dunklen Wäldern,
über denen Weißkopfseeadler ihre Kreise ziehen. Von Zeit zu Zeit
steigen Walfontänen aus dem Wasser, werden die Schwanzflossen von
Delphinen und Killerwalen sichtbar. An den Ufern tauchen kleine
Indianersiedlungen auf, erkennbar an den lang gestreckten, fenster-
losen Holzhäusern, den traditionellen Clanhäusern der Tlingit.

Sitka ist seit Tausenden von Jahren das Zentrum des Siedlungs-
gebietes der Tlingit-Indianer in Alaska. Auch heute noch sind etwa
die Hälfte der rund achttausend Einwohner von Sitka Tlingit. Ihren
Unterhalt verdienen sie vor allem durch Fischfang, in der Tourismus-
und Immobilienbranche, in einer großen Papiermühle sowie durch
traditionelles indianisches Kunsthandwerk. Die Tlingit gelten als der-
jenige Indianerstamm Nordamerikas, der sich am hartnäckigsten um
den Erhalt seiner Kultur, seiner traditionellen Lebensweise und Gesellschaftsstrukturen bemüht. Sie sind berühmt für ihre kunstvoll geschnitzten Totempfähle, ihre äußerst fein gewebten und mit phantastischen Motiven verzierten Decken und Tücher aus Bergziegenwolle
sowie ihre aus Bast und Schilf geflochtenen, mit raffinierten Mus-
tern versehenen Schalen und Körbe. Einiges davon wird nach wie vor
hergestellt und ist in kleinen Läden in Sitka zu bewundern und zu er-
stehen.

Auf einer Festversammlung der Tlingit-Indianer, an der wir – allerdings ohne Filmkamera und Tongerät – teilnehmen dürfen, erscheinen die meisten der etwa zweihundert Teilnehmer jeden Alters
in ihren prächtigen traditionellen Gewändern: Wollumhängen in den

Clanfarben, bestickt mit Tiersymbolen, die Auskunft über die mythologische Zugehörigkeit geben – Raben, Adler, Biber, Bären, Wölfe, Frösche, Killerwale. Dazu topfförmige oder helmartige Kopfbedeckungen aus Fell, Stoff oder Holz, ebenfalls bemalt in den Clanfarben und verziert mit Tiergesichtern. Einer der Männer trägt eine Fuchsmaske auf dem Kopf, ein jüngerer Stammeshäuptling hat sich einen dicken, fein ziselierten Silberring durch die Nase gezogen.

Genaueres über den Inhalt der Lieder und die Bedeutung der Tänze auf dieser Versammlung zu erfahren erweist sich als schwierig. Denn die Lieder und Tänze, ebenso wie die Legenden und Mythen der Tlingit, gelten als Eigentum des jeweiligen Clans und dürfen, so sagt man uns, nicht ohne Zustimmung des Clanchefs an Außenstehende weitergegeben werden. Auch ein Gespräch vor der Kamera darf nur mit einem Clanchef selbst geführt werden. Nach langwierigen und komplizierten Verhandlungen und mit Hilfe eines amerikanischen Journalistenkollegen aus Sitka gelingt es uns schließlich, den Chef des berühmtesten Clans der Tlingit, des Killerwalclans, zu einem Interview zu bewegen.

Vorher wurden uns noch Verhaltensregeln für das Gespräch mit einem Tlingit-Häuptling eingeschärft: «Dem Häuptling möglichst nicht in die Augen schauen. Den Blick immer wieder auf den Boden richten, um auf diese Weise Ehrerbietung zu bezeigen. Und um Himmels willen den Häuptling nicht unterbrechen.»

Am Ortsrand von Sitka, in unmittelbarer Nähe der Stelle, wo sich Indianer und Weiße vor zweihundert Jahren die letzte Schlacht in Alaska lieferten, sind zwischen den mächtigen Bäumen des Regenwaldes Totempfähle aus dem gesamten Siedlungsgebiet der Tlingit aufgestellt. Dort soll das Interview stattfinden.

Am nächsten Tag regnet es in Strömen, wie fast immer in Sitka. Marc Jacobs hat einen dünnen Anorak angezogen, die Strickweste darunter ist mit bunten Schmetterlingen und dem Wappentier seines Clans bestickt, einem Killerwal. Auf der Stirnseite seiner Baseballkappe prangt die Aufschrift: «Ich bin stolz, gedient zu haben.» Marc Jacobs ist Veteran des Zweiten Weltkriegs, er hat bei den Marines im Pazifik gekämpft. Auf der Visitenkarte des Achtzigjährigen steht «Rechtsanwalt». Diesen Beruf, sagt er, übe er bis heute aus, denn der Kampf um die Rechte der Indianer sei noch lange nicht gewonnen.

Die Erzählweise von Marc Jacobs ist ausladend, geschmückt mit Hinweisen auf die Vorfahren, die Legenden, die Mythen, die Symbole und Traditionen seines Volkes. Doch wenn es um Grundsätzliches geht, formuliert er sehr entschieden. So bei unserer Frage, was denn die so genannte «Zivilisation» den Indianern in Alaska und speziell seinem Volk, den Tlingit, gebracht habe. «Mein Vater sagte: Was auch immer von der Zivilisation berührt wird, muss sterben. Und er hatte Recht. Nehmen Sie die Umwelt: Viele unserer Schätze sind zerstört. Heute sind die Weißen zum Beispiel dabei, den Hering auszurotten. Die Industrie will nur den Rogen, also etwa zehn Prozent des Herings. Der Rest ist für sie Abfall. Sie rotten den Hering aus, allein wegen des Rogens. Das ist typisch für die moderne Zeit. Und wir sollen uns damit abfinden, obwohl es unsere Lebensgrundlagen gefährdet. Dagegen muss man kämpfen.»

«Welche Stammestradition», fragen wir, «möchten Sie vor allem an Ihre Kinder und Enkel weitergeben?»

«Damit wir der neuen Kultur standhalten können», sagt Marc Jacobs nach kurzem Nachdenken, «müssen wir natürlich mit ihr zusammenleben und uns an manche ihrer Gebräuche anpassen. Aber einige Moralvorstellungen der Weißen stehen im völligen Widerspruch zu unseren – etwa die Art und Weise, wie wir traditionell Besitz und Land weitergeben. Da haben wir eigene Gesetze. Wir müssen lernen, unsere Gesetze, unsere Gewohnheitsrechte gegen die westliche Gesetzgebung anzuwenden. Gerade heute, wo im Norden unseres Landes immer neues Öl gefunden wird und sich wieder die Frage stellt: Wie ist es mit unserem Land? Egal, welches Gesetz der Kongress in Washington oder ein anderes Parlament verabschiedet: Wenn es auf die Abschaffung der Grundrechte der Ureinwohner zielt, ist es Unrecht. Du kannst so ein Gesetz verabschieden, es verkünden, ins Bundesgesetzbuch aufnehmen – dennoch bleibt das Grundrecht der Ureinwohner gültig. Das kann man nur unterdrücken, nicht abschaffen. Und dies ist unsere Situation heutzutage.»

Inzwischen hat es aufgehört zu regnen. Durch die dicht stehenden Bäume zieht feiner Nebel. Marc Jacobs schlägt vor, ihn auf dem Pfad der Totempfähle zu begleiten. «Sie sind unser Heiligstes.» Die mehr als zehn Meter hohen, aus mächtigen Zedernstämmen geschnitzten Pfähle zeigen stilisierte Darstellungen von Totemtieren – Adler, Raben, Wale, Elche, Frösche, Bären, Biber –, aber auch menschliche Gestalten und Gesichter sowie wundersame Fabelwesen, die nur jenen vertraut sind, die die alten Tlingit-Legenden kennen. Sie erzählen von der Geschichte der Tlingit-Clans, von den Heldentaten der Häuptlinge und vom mythischen Ursprung der Welt. Niemand, so Marc Jacobs, dürfe den Sinn eines Totempfahls erklären, nur der Häuptling. Und auch ihm sei es lediglich erlaubt, über den Pfahl seines eigenen Stammes und seines eigenen Clans zu reden.

Vor einem Pfahl, auf dessen Spitze ein riesiger holzgeschnitzter Rabe sitzt, bleibt Marc Jacobs stehen. Er schaut nach oben und sagt langsam und jedes Wort feierlich betonend: «Der Rabe ist der Schöpfer der Welt. Am Anfang aller Zeit schuf er Land und Meer. Und aus dem Schlick vom Grunde des Meeres und dem Sand vom Ufer formte er den ersten Menschen. Der Rabe ist immer bei uns – unser mythischer Schöpfer.»

Dieselbe Legende von der Erschaffung der Welt durch den Raben hatten wir, ein wenig anders ausgeschmückt, bei den Jakuten und Tschuktschen in Sibirien gehört. Und sogar bei den Burjaten am Baikalsee.

Nome an der Küste des Beringmeeres. Um 1900 lebten in der einstigen Goldgräberstadt fast dreißigtausend Menschen. Der Goldrausch ist längst vorbei, heute zählt Nome, Verwaltungszentrum für rund ein Dutzend umliegende Eskimodörfer, nur noch knapp 3500 Einwohner.

Straßenszene in Nome. Schon vor 4500 Jahren soll sich hier eine Eskimosiedlung befunden haben. Gelegentlich starten heute von Nome aus private Hilfsflüge zu den Tschuktschen und Eskimos auf der russischen Seite der Beringstraße.

In einem Fischcamp in der Nähe von Nome. Die Nachfahren der Urbevölkerung von Alaska, Eskimos und Indianer, haben das Recht auf «subsistence», das Jagen und Fischen für den eigenen Lebensunterhalt.

Die alte Eskimofrau ist die letzte in ihrer Familie, die noch einige Worte der traditionellen Sprache ihres Volkes kennt. Auch untereinander sprechen die Eskimos in Alaska heute fast ausschließlich Englisch.

«Last train to nowhere» – die Überreste einer Dampfstrecke, die zur Goldgräberzeit die Orte Solomon und Council östlich von Nome verband.

Eine stillgelegte Förderanlage aus der Goldgräberzeit.

Das einzige Haus, das von der früheren Goldgräbersiedlung Solomon übrig geblieben ist.
Die ehemalige Schule. Heute lebt hier nur noch eine alte Eskimofrau.

Ein Moschusochse in der Nähe von Teller. Die Vorfahren der mächtigen, zotteligen Tiere kamen einst über die Beringlandbrücke aus Sibirien. Etwa dreitausend Exemplare dieser urzeitlichen Gattung gibt es heute in Alaska. In kleinen Herden ziehen sie frei in der arktischen Tundra herum.

In der mit hartem Steppengras bewachsenen Ebene zwischen Nome und Teller.
Kameramann Reinhard Gossmann aus dem Alaska-Team der ARD würde am liebsten
gar nicht aufhören, diese phantastischen Landschaften zu filmen.

Die Eskimosiedlung Teller am östlichen Ufer der Beringstraße, knapp hundertfünfzig Kilometer nordwestlich von Nome. Etwa zweihundert Menschen leben hier, fast alle vom Stamm der Inupiat.

Junge Eskimofrau mit Kind. Auch in Teller ist «subsistence» die Existenzgrundlage der Menschen. Daneben beziehen fast alle vom amerikanischen Staat Sozialhilfe.

Stillleben am Strand von Teller. Ein Motorschlitten, ein Lastschlitten und ein Hundeschlitten mit einem etwas ermüdeten Reporter.

Gemeinschaftsantenne zum Empfang des Satellitenfernsehens. Darunter wird Fisch getrocknet.

Wohnhütten in Teller. An der dazwischen gespannten Wäscheleine hängen Lachse.

Fast jede Familie in Teller hat eine Räucherkammer. Die Lachse sind zum Eigenverzehr bestimmt, der Handel mit ihnen ist verboten.

Spielende Eskimomädchen haben einen umgestürzten Hundeschlitten zu ihrem Lieblingsplatz erkoren.

Tradition und Moderne in Teller. Der kleine Junge trägt den klassischen Rundhaarschnitt der Eskimos, das Mädchen eine Frisur, wie amerikanische High-School-Girls sie lieben.

Pilgrim Hot Springs auf der Seward-Halbinsel. Auch in Alaska gibt es – wie auf Tschukotka – unzählige heiße Quellen. Manchen von ihnen haben schon die Ureinwohner Alaskas wundersame Heilkräfte zugeschrieben.

**Tundra am Ufer der Beringstraße – bei Wales, dem westlichsten Zipfel Alaskas.
Die Bering-Region gilt als einzigartiges Tierparadies, Brut- und Nistplatz zahlloser
Vogelarten. Amerikanische Biologen nennen sie «Serengeti der Arktis».**

Hölzernes Vorratsgestell bei Wales. Wenn die Leiter weggenommen wird, haben die Bären keine Chance mehr, an die Beute heranzukommen.

Die Eskimosiedlung Kotzebue an der gleichnamigen Bucht der Beringstraße. Im Reiseführer wird sie als «letzter Außenposten der Zivilisation» in Alaska bezeichnet. Nördlich davon beginnt die Wildnis.

Auf einer Bank vor einem Kiosk in Kotzebue. Der «Arctic Sounder», die Heimatzeitung, erscheint einmal die Woche und ist für Einheimische wie Fremde die wichtigste Informationsquelle. Bären, wie sie auf dem Schild abgebildet sind, spazieren tatsächlich gelegentlich durch die Straßen von Kotzebue.

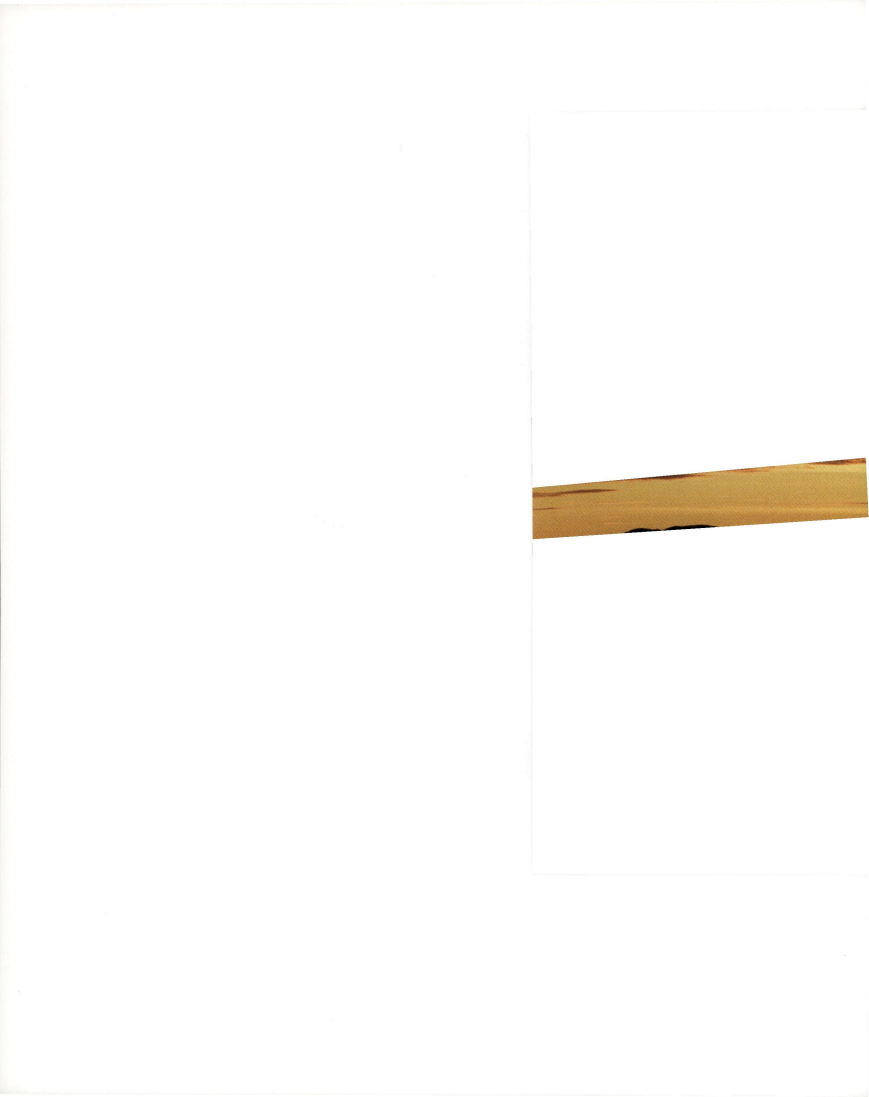

Mitternachtssonne über der Bucht von Kotzebue. Der Ort liegt genau am Polarkreis.

Bevor wir, das ARD-Team, von Kotzebue in die Brooks Range im Norden Alaskas fliegen, zeigt uns der Pilot vorschriftsmäßig den Feuerlöscher, den Notfunk und die Schwimmwesten – und fragt, ob auch jeder ein scharfes Messer dabei habe. Man braucht es, um sich bei einer Bruchlandung gegebenenfalls aus den Sicherheitsgurten schneiden zu können.

Das Tal des Kugururok River, umgeben von den Bergen der Brooks Range. Es gehört zum Noatak National Preserve, einem streng geschützten Naturreservat, das von Touristen nicht betreten werden darf.

Das Archäologencamp auf einem Hochplateau über dem Kugururok River, zweihundert Kilometer nördlich des Polarkreises. Um das Camp ist ein anderthalb Meter hoher Elektrozaun gezogen – wegen der Bären.

Im Gespräch mit Bob Gal, dem Chefarchäologen der amerikanischen Nationalparkverwaltung in Anchorage. Er vermutet in dieser Gegend ein steinzeitliches Jägerlager.

Sergej Slobodin, ein Archäologe von der Universität Magadan. Gemeinsam mit seinen amerikanischen Kollegen gräbt er am Kugururok River nach den Spuren der Steinzeitjäger, der ersten Menschen Alaskas. Die Faustkeile, Speerspitzen, Pfeile und Steinklingen, die er hier freilegt, ähneln, sagt er, seinen Funden in Sibirien «wie ein Ei dem anderen».

232 / 233

Eine amerikanische Archäologin siebt Sand, um noch kleinste Splitter der steinzeitlichen Waffen und Werkzeuge zu finden.

So wie diese Karibus zogen schon vor mehr als zehntausend Jahren die Herden auf ihrer Sommerwanderung durch das Tal des Kugururok River. Das beweisen die Funde der Archäologen.

Die berühmte Pipeline, die ganz Alaska von Nord nach Süd durchquert. Sie zerschneidet auch die Wanderwege der Karibuherden.

In den Zeitungen Alaskas gibt es fast täglich Berichte über tödliche Begegnungen mit Bären, diesen von Kraft strotzenden Tieren, die so schnell laufen können wie ein Rennpferd. Hier ein Grizzlybär auf Nahrungssuche.

Ein Buschflieger in den Sanddünen des Kobuk Valley. Alaskas Piloten gelten als die waghalsigsten der Welt. Sie landen auf Seen und Flüssen, Lichtungen und Wiesen, Gletschern im Hochgebirge und Eisschollen im Polarmeer. Nirgendwo sonst gibt es, gemessen an der Gesamtzahl der Bevölkerung, so viele Piloten wie hier.

Flug über die Mäanderlandschaft des Kobuk River, die sich bis zum Horizont auszudehnen scheint. Es ist das traditionelle Jagdgebiet der Athabascen-Indianer.

Der Denali Highway, der geradewegs zum höchsten Berg Alaskas führt, dem 6194 Meter hohen Mt. McKinley (Denali). Er ist, wie fast immer, in Wolken gehüllt.

Anchorage, die größte Stadt und Wirtschaftsmetropole Alaskas. Rund 260 000 Menschen leben hier, etwa 20 Prozent von ihnen sind Angehörige der Urbevölkerung – Indianer und Eskimos.

Der historische Friedhof von Eklutna, rund fünfzig Kilometer nordöstlich von Anchorage, ein einzigartiges Zeugnis der Kolonialgeschichte und der Verschmelzung zweier Kulturen. Vor den indianischen Seelenhäuschen («spirit houses») stehen russisch-orthodoxe Kreuze. Noch heute lassen sich die Indianer von Eklutna hier nach russisch-orthodoxem Ritus begraben.

Drei russisch-orthodoxe Geistliche, Amerikaner unterschiedlicher Abstammung, vor der Kirche von Eklutna. Von links nach rechts: Father Paul, geboren auf der Inselgruppe der Aleuten im Beringmeer, Father Peter, Eskimo vom Stamm der Yupik, und Father Simeon, der Priester von Eklutna, in dessen Adern, wie er sagt, das Blut von Russen, Aleuten, Athabascen und Schweden fließt.

Der Turnagain Arm südlich von Anchorage. In dieser Bucht, die er zunächst für die Mündung eines Flusses hielt, machte James Cook vor gut zweihundert Jahren auf seiner Suche nach der Nordwestpassage kehrt mit dem Befehl: «Turn again!» Er war, wieder einmal, in eine Sackgasse geraten.

Abendstimmung am Turnagain Arm. Bei Ebbe liegt fast die gesamte Bucht trocken.

Im kurzen arktischen Sommer blühen die Blumen in besonders kräftigen Farben – wie etwa das rote Feuerkraut im Vordergrund.

244 / 245

Der Portage Lake, ein Gletschersee oberhalb des Turnagain Arm. Sogar im Hochsommer schwimmen Eisblöcke auf dem türkisfarbenen Wasser.

Die globale Klima-Erwärmung lässt auch Alaskas Gletscher schmelzen. Dieser Gletscher in der Nähe von Anchorage reichte vor wenigen Jahren noch bis ans Ufer des Sees.

Kurze Drehpause am Matanuska River, rund hundert Kilometer nordöstlich von Anchorage – ein Foto für die daheim gebliebenen Kollegen beim WDR in Köln. Im Hintergrund die Chugach Mountains, im Vordergrund Kamera-Assistentin Christa Fuchs, Toningenieur Uwe Swenne, Kameramann Reinhard Gossmann und der Reporter.

Ein Fischerschuppen auf Kenai. Auch wenn es nicht so aussieht: Er wird noch benutzt. Im Winter werden die Wände vollständig mit Brettern vernagelt.

Fischerboote auf der Kenai-Halbinsel im Osten des Cook Inlet, der großen Meeresbucht, an deren Ende Anchorage liegt. Hier leben neben Athabascen-Indianern und amerikanischen Siedlern auch noch einige Nachfahren russischer Kolonisten.

Der Mendenhall-Gletscher in der Nähe von Juneau, der weit im Südosten gelegenen Hauptstadt Alaskas. Die hier beginnende Eis- und Bergwelt, durchzogen von unzähligen Fjorden und bewaldeten Inseln, gilt vielen Besuchern als die eindrucksvollste Region dieses an Naturwundern so reichen, nördlichsten Bundesstaats der USA.

Schwimmende Eisskulpturen auf einem Gletschersee in der Südostregion.

Die Inside-Passage, die schönste Wasserstraße Alaskas, ein alter Handelsweg der Indianer. Sie führt von Juneau nach Sitka am Pazifischen Ozean, der einstigen Hauptstadt von Russisch-Amerika.

Knapp zwanzig Stunden dauert die Fahrt durch die Inside-Passage, und jede Minute bieten sich neue faszinierende Bilder.

Elche tummeln sich mit der gleichen Ruhe an den Ufern der Inside-Passage wie Bären.
Aber auch ihnen soll man möglichst nicht zu nahe kommen, denn jährlich, so sagt
die Statistik, fallen in Alaska mehr Menschen wütenden Elchen als aggressiven Bären
zum Opfer.

Am Fuß der St.-Elias-Bergkette verliert sich ein flacher Küstenstreifen im Golf von Alaska. Hier hat Vitus Bering 1741 zum ersten Mal Amerika erblickt.

Die Küstenregion bei Sitka, der größte außertropische Regenwald der Erde. Selbst im Winter sinken die Temperaturen hier im Südosten Alaskas selten unter null Grad.

Ein Totempfahl im Regenwald bei Sitka, dem Zentrum des traditionellen Siedlungsgebiets der Tlingit-Indianer. Hier fand 1804 die letzte Schlacht zwischen Indianern und Weißen in Alaska statt.

Auf einer Festversammlung der Tlingit-Indianer. Von allen Indianerstämmen Nordamerikas gelten sie als diejenigen, die am hartnäckigsten um den Erhalt ihrer Kultur, ihrer Lebensweise und ihrer Gesellschaftsstrukturen kämpfen. Ihre höchste Autorität ist bis heute der Chief, der Häuptling des jeweiligen Clans.

Tlingit-Indianer in traditioneller Festkleidung. Schmuck und Farben geben Auskunft über die Clanzugehörigkeit.

Eines der traditionellen Langhäuser der Tlingit in Sitka, in denen jeweils ein Clan lebte, etwa zehn Familien. Ursprünglich hatten sie keine Fenster und nur eine Öffnung an der Frontseite und im Dach. Heute werden die meisten Clanhäuser als Lagerhallen und Bootsschuppen genutzt.

260 / 261

Marc Jacobs, der Chief des Killerwal-Clans. Seine Baseballkappe ziert der Spruch: «Ich bin stolz, gedient zu haben.» Er ist Veteran des Zweiten Weltkriegs. Seinen Beruf als Rechtsanwalt übt der Achtzigjährige auch heute noch aus. «Der Kampf um die Rechte der Indianer», sagt er, «ist noch lange nicht gewonnen.»

Den Tlingit-Indianern gilt der Rabe als Schöpfer der Welt. Marc Jacobs: «Am Anfang aller Zeit schuf er Land und Meer. Und aus dem Schlick vom Grunde des Meeres und dem Sand vom Ufer formte er den ersten Menschen.» Dieselbe Legende von der Erschaffung der Welt durch den Raben hatten wir bei den Jakuten und Tschuktschen in Sibirien gehört. Und sogar bei den Burjaten am Baikalsee.

BILDNACHWEIS

Arco/Wothe 28

B&C Alexander Photography 99, 100, 108/109

baikal-lake.org/Arnaud Humann 44

Bilderberg/H.-J. Burkard 128/129, 134, 135

blickwinkel.de/W. Wisniewski 79

Denis Choroschevskij 2, 72, 73, 74/75

Vladimir Dinets 34

images.de/Argentum/Kamenev 81, 104/105, 116, 130

Gabriele Mühlenbrock 190, 207, 208, 209 oben, 210/211, 213, 214, 215, 216, 217, 218/219, 220, 221, 222, 226, 227, 228/229, 230, 231, 232, 233, 234 oben, 240, 241, 246, 247, 248, 249, 250, 252, 256, 257, 258, 259, 260/261, 262

Naturfoto-Online/Konstantin Mikhailov 30

Jan Oelker 156, 157, 162/163, 164 oben, 167, 168 unten, 170/171, 173 unten, 174/175, 176, 177, 178, 179, 180 oben, 184, 186, 187, 188/189, 206, 212, 224, 225, 239, 253

Picture Alliance/dpa 29, 32, 58, 78

Max Schmid 205, 209 unten, 223, 234 unten, 235, 236/237, 238, 242, 243, 244/245, 251, 254, 255, 263

Alexander Schukow 8, 12, 31, 33, 35, 36, 37, 38, 39, 40, 41, 42, 43, 45, 46, 47, 48/49, 50, 51, 52, 53, 54/55, 56/57, 59, 60, 61, 62, 63, 64, 65, 66, 67, 68/69, 70, 71, 76, 77, 80, 84, 101, 102, 103, 106, 107, 110, 111, 112/113, 114, 115, 117, 118, 119, 120, 121, 122, 123, 124/125, 126, 127, 131, 132, 133, 136, 137, 138, 139, 140, 142, 158/159, 160, 161, 164 unten, 165, 166, 168 oben, 169, 172, 173 oben, 180 unten, 181, 182, 183, 185

Arnim Stauth 141

WWF-Canon/Peter Prokosch 82, 83